だいわ文庫

読書のチカラ

齋藤 孝

大和書房

プロローグ――本を読む意味とはなにか

消えつつある読書文化

二〇一〇年末、OECD（経済協力開発機構）は〇九年のPISA（OECD生徒の学習到達度調査）の結果を発表した。これは世界各国の一五歳児を対象に三年ごとに実施される調査で、今回が四回目だ。

その中に、読書に関する興味深い結果がある。二〇〇〇年の第一回調査の時点では、「趣味としての読書をしない」という日本の子どもは五五％もいた。それが今回は四四・二％まで減少している。いわゆる「ゆとり教育」を見直す動きや、「一〇分読書」と呼ばれる、学校での朝の読書運動が定着してきたことが影響しているらしい。不況が長引く中、気を引き締めて勉強しなければたいへんなことになるという危機感が、読書への関心を高めているのかもしれない。

　ただし、この「読書」の中には雑誌もコミックも含まれている。これらにさえ触れていない一五歳児が四四％もいるという事実は重い。また読まれているジャンルにしても、新聞が激減する一方、主流は小説だ。それもファンタジーや推理小説、あるいは〝泣ける話〟など、いわゆるライトノベル的なものが好まれる傾向にある。そのこと自体は悪くないが、かつて日本に存在した読書文化はどこへいったのか、との思いに駆られるのは私だけだろうか。

　およそ読書とは、人間がつくり上げた文化の中で、もっとも画期的な発明である。はるか昔、まだ話し言葉の文化しかなかった時代、人類は膨大な年月を費やしながら、大きな文明的発展を遂げることはできなかった。だがその後、文字が発明されたことにより、知識の蓄積と伝達というワザを獲得する。そこから四大文明が生まれ、急速な発展が始まり、今日に至っているのである。

　その過程で、文字を書き留める〝媒体〟は石版や木簡・竹簡から紙へと進化し、「本」というきわめて利便性の高い形に落ち着いた。**人類の発展の歴史は、本によって築かれ、また本に刻まれて受け継がれてきた**といっても過言ではない。

その重要性は、今後も失われることはないはずだ。たとえ紙の本に代わって電子書籍のようなものが普及したとしても、同様である。

だからこそ、読み手側の変容はおおいに気になる。そこで読書とは何か、なぜ本を読むべきなのか、やや大げさにいえばそれが人生においてどういう意味を持つのか、本書を通じてその本質をあらためて問い直してみることにしよう。

なぜ日本人の精神力は弱くなったのか

日本人の精神力は、ひと昔前に比べてずいぶん弱くなっている気がする。何かトラブルや試練に直面したとき、それを乗り越えようという前向きな気持ちや、冷静な状況判断をして現実的な対策を打ち出していこうというタフネスさが足りない。なんとなくそう感じている人は少なくないだろう。

だいたい「精神力」というものは、幼いころからの成育状況の中でも鍛えられる。しかし昨今は、食べるのに困りひもじい思いをすることも少ないし、丁稚《でっち》奉公のような制度があるわけでもない。あるいは剣術や禅の修行をするようなこともなかなかない。教育についても「大学全入時代」を迎え、以前より競争は厳しくない。日本の子どもは試練を受ける機会が減っているといえるだろう。

ところが、一歩社会に出れば、そうはいかない。むしろ試練のハードルは以前より高くなっている。「氷河期」と呼ばれるとおり就職自体が厳しく、そこで失敗すると将来の道が急激に狭くなり、経済的にも精神的にも追い込まれてしまう。

あるいは採用されたとしても、気は抜けない。かつての会社なら、一度入社すれば、簡単にクビにはならなかった。いわゆる護送船団方式で業界全体が規制で守られたように、各船内でもお互いにスクラムを組んで〝おしくらまんじゅう〟をしながら、精神的に支え合っていた。その中で、新入社員もじっくり育てられたものである。

ところが今や、新卒といえども〝即戦力〟だ。成績が伸びなければ、簡単にリストラされるおそれがある。社内にいても、ロシアの冬の平原を、一人ずつバラバラに歩いているようなイメージだ。

つまり、二〇歳前後を境にして環境がガラリと変わるわけだ。それまではまったく鍛えられなかったのに、以降からは急激に重荷を背負わされる。その荷物の重さ自体もさることながら、このギャップは衝撃的だ。だから、精神的に追い込まれる二〇～

三〇代が増えているのではないだろうか。

好むと好まざるとにかかわらず、この現状は当面変わりそうにない。だとすれば、自力で乗り越えるしかない。それにはどうすればいいか。

おそらく、その処方箋《せん》として圧倒的なパワーを持つのが読書である。現状を考えれば、その必要性は以前よりも高まっているといえるだろう。

ひと昔前まで、精神力は「根性」とほぼ同じ意味で語られた。肉体的にタフであり、気力が充実していればこと足りた。たとえば、箱根の山を駕籠《かご》を担いで越える原動力が精神力だったわけだ。

しかし、今の時代にこういう体力をともなう精神力が求められることは少ない。そのかわり、欠かせないのが思考力だ。**知識をベースに、自分の脳でものを考え、価値観を決めていく**。それによって自分の立ち位置を決めていかなければならないのである。

あるいは一般的に「ストレス」と呼ばれるものも、今や飢餓や生命の危機に起因するものは少ない。それよりも、日常生活の中で精神的なダメージを受けたりするケースがほとんどだろう。

それを処置できるか否かは、ごく単純にいえば頭の善し悪《あ》しによって決まってくる。それはもちろん、学校の成績そのものではない。「頭がいい」とは、ものごとの本質をすばやく摑《つか》み、優先順位をつけ、自分の能力とすり合わせて判断し、行動をきちんと選択できることを指すのである。

若者の〝心の浅さ〟

言葉で言えば簡単だが、ここで求められるのは、まず思考のスピードだ。スピードが上がれば余裕が生まれ、判断に使うエネルギーや時間を確保することができる。したがって、そのトレーニングの一環として、私は学生を「今から一〇秒以内に考えて回答するように」と追い込むことがよくある。

だが、スピードだけでは足りない。本質を摑む力を養うには、相応の思考の深さが必要だ。これは、私が現代の若者に関してもっとも危惧《きぐ》している部分である。思考に深さが足りないばかりに、簡単に泣きたい、簡単に笑いたい、あるいは人に泣かせてもらいたい、笑わせてもらいたいという感情が先に立つ。

社会全体でそういうニーズが高まると、たとえばテレビ番組にしても、映画にしても、単純明快に泣かせられるか、笑わせられるか、という基準でつくられるようになる。その結果、表現は悪いが「安くて薄っぺら」な作品ばかりが次々と生産され、中には大ヒットするものまで現れる。そうなると、安さ・薄さにますます拍車がかかることになる。

私は日本の歌謡曲やJ-POPも好きだが、「くよくよしないで」「負けないで」「そばにいるから」等々の歌詞が臆面《おくめん》もなく何度も登場するのには、正直参る。たしかに**メッセージ自体は間違っていないだろうが、一言でいえば月並だ**。それでも、飽きられもせずヒットしてしまうところが恐ろしい。

また最近は、一九七〇年代ごろのヒット曲を若い歌手がカバーして歌うケースもよくある。だがそれらも、私が七〇年代に聴いていたオリジナルとは明らかに雰囲気が違う。

それは単に、歌手の表現力の差によるものだけではない。たとえば山口百恵のような一種の「重さ」は、時代が生み出したものだった。その楽曲がもともと持っていた、心の琴線に触れる悲しみや深さといったものを、今の歌手は共有できていない。だから、いくら歌詞だけをなぞっても、上滑りするだけで訴えかけてくるものが少ないのである。

それでも商業的に通用するということは、もはや楽曲に深さを求める時代ではないことの象徴かもしれない。そもそも自身の心が浅いから、情報にしても消費にしても上滑りなものが台頭してしまうのだろう。一事が万事、心の深さを極端に欠いた現象が、私には目について仕方がない。

このまま放っておけば、心はもっと浅くなるだろう。思考があまりにも浅いから、心も浅くなってしまうのである。ここに歯止めをかけるには、ねばり強く考える思考力を復活させるしかない。それには、一にも二にも読書である。

実際、その効果は学生たちを観察しているとよくわかる。昨今の学生は、ほぼ一様に心が優しい。善人か悪人かといえば圧倒的に善人であり、社会的な常識もだいたい持ち合わせている。素材としての頭も悪くはないし、おしなべておとなしい。教壇に立つ者としていえば、以前に比べてずっと扱いやすい印象だ。

だが、読書経験は少ない。特に一年生の中には、これまでまったく読んでいないという者も多い。高校生活では受験勉強その他に忙しく、とても本を読む時間などなかった、ということらしい。

その当然の帰結というべきか、彼らは精神的に脆《もろ》い傾向がある。**人からちょっと強く言われただけで、心を閉ざしてしまったり、その場から逃げ出したりする。**しかし、四年間をかけて何冊もの本を読んでいくプロセスを経ると、しだいに変化が生じてくる。一言でいえば、深さができてくるのである。

なぜネット情報だけではダメなのか

およそ読書というと、ものごとに対する知識の幅を広げるというイメージがある。もちろん、そういう面もあるにはあるが、それだけならインターネットでも十分だ。情報量だけに着目すれば、たとえば一〜二週間かけて一冊の本を読破するより、一時間ネットで遊んだほうが多いかもしれない。あるいはブログやツイッターなどを通じて、世界中の人の意見を知ったり、情報を交換したりすることもできる。その意味では、今は夢のような世界が広がっているといえるだろう。

ただ注意すべきは、それを使う側の意識だ。自分の中にある種の深さを確保した上で、水平的なネット情報をうまく取り入れ、判断の材料にしているのなら何も問題はない。しかし**読書が足りない一方でネットにばかり頼っていると、結局は膨大な情報**

の上を漂流するだけで、まったく深まることがない。つまりネットをより有効に利用しようと思うなら、その分だけ精神や思考の深さを確保する必要があるということだ。

それには、たとえば優れた人物と一緒に暮らすこと、つまり内弟子に入るような方法もないことはない。しかし、これは現実問題として難しい上に、リスクも大きい。一連のオウム真理教事件で見られたように、師事する先を間違えると、たいへんなトラブルに巻き込まれるおそれがある。

あるいは、大学などで講義を受ける手もある。直接話を聞いて、心を揺さぶられることは少なくない。しかし、一方で聞き流してしまうこともあるし、時間的な制約もある。いくら〝全入時代〟とはいえ、いつでも誰でも学べるというわけではない。

では低リスクで優れた人物の教えに接し、しかも自分のペースで学べる方法は何かといえば、これはもう読書しかないだろう。**自分の思考を定着させたり、掘り下げたりする作業は、一人の空間・時間でなければできない**。そういう場で、自分自身と向き合いながら他者の話を聞くのが読書なのである。

だとすれば、その作業はもはや情報収集の域を超える。思考を深め、精神を高めるために行うのが、本来の読書の姿といえるだろう。

たとえば新聞は、社会の出来事を知る上で重要だ。社会性も人間性の一部だから、日常的に読んで社会を知ることは欠かせない。そこで私は大学で、興味を持った記事を切り抜き、それを人に説明するというトレーニングも行っている。これによって社会と積極的に関《かか》わる姿勢をつくるとともに、日本語力を高め、情報摂取力を高め、同時に整理能力を高めようというわけだ。

しかし、新聞が扱っているのは、あくまでも社会的情報である。精神を深めることを目的としていない。当たり前の話だが、ストレスの多い今の社会において、新聞はその処方箋にはならないということだ。その意味で、読書とは性質が異なるのである。

精神の根底に流れる清流を知っているか

ところで過日、一つの猟奇的な殺人事件の裁判が世間の注目を集めた。生きている状態のままチェーンソーで首を切断するという残忍な手口によるもので、裁判員制度による裁判としては初の死刑判決が下されたことでも話題を呼んだ。

容疑者はどれほど冷酷無比な悪鬼かと思いきや、報道で知るかぎり、ごくふつうの人物のように見える。裁判員や遺族に対する態度は、真っ当で冷静らしい。特に私の印象に残ったのは、裁判員に「もし過去に戻れるとしたら、どこに戻る?」と問われたときの答えだ。「学生時代にもっと本を読んでいれば」と述べたという。

おそらく、この言葉に嘘《うそ》はない。容疑者は一審の段階で「死刑を受け入れる」と発言していた。裁判員の心証を良くするとか、情状酌量を求めるといった意図はなかったはずだ。むしろ、自らの生育歴の中で、読書に時間を割くことができなかった無念さを素直に吐露したのではないだろうか。あるいは収監中に何らかの本に出会い、そう気づいたのかもしれない。死を覚悟した人間の言葉だけに、きわめて重い。

もちろん、一人の人間が何らかの犯行に至るまでには、さまざまな要因があるのだろう。しかし、どこかの時点で人生を投げ出してしまったからこそ、一線を越えてしまうのかもしれない。自分には価値がない。誰からも認識・評価されない。もう生きている意味がない。だから「もうどうでもいいや」と思ってしまうわけだ。

これに対して、本にどこまで〝抑止力〟があるかは、定かではない。しかし、**もう少し本の力が若い人の魂に届いていれば、時代の精神状況も変わるはず**である。本を通じて、自分自身の心とつき合う。そういう道筋ないしワザというものを、若いうちにこそ身につけるべきではないだろうか。

実際、少年院で指導されている方によると、送られてくる少年たちの多くは、本を読む習慣をまったく持っていないという。マンガも、絵を追うだけで文字は飛ばしてしまうことがよくあるらしい。しかし、そんな彼らに読書の習慣をつけさせ、その楽しみを教えていくと、しだいに自分から読むようになる。それとともに、生活態度や考え方、つまり人間そのものが変わってくるそうである。

犯罪者を引き合いに出すのは、いささか極端に思われるかもしれない。しかし罪を犯す人のメンタリティは、現代に生きる私たちにとって、それほど無縁ではない気がする。誰でも、何かの弾みで転落しかかることは十分にあり得る。そのとき、ものごとを整理して人生の意味を立ち返って考えることができれば、落ちる手前で踏み止《とど》まれるかもしれない。そういう判断力を働かせるには、どうしても思考の深さが必要なのである。

たとえば仕事でも人間関係でも、何かトラブルに直面したとしよう。その部分しか目に入らないとすると、もう「この世の果て」のように思えるかもしれない。しかし、どれほど苦しくても、古今東西の人類が乗り越えてきた数多《あまた》の苦難より深刻とはいえないだろう。少なくともそういう事実や、その精神の強さを知っていれば、気持ちの部分で救われるし、励みにもなるはずだ。

言い換えるなら、およそ人類が到達してきた思考は、きわめて深いのである。それは、地層の奥深くを流れる清らかな地下水のようなものだ。**それに比べれば、私たちが日常的に直面するトラブルは、川の水面《みなも》の濁り水にすぎない。**たしかに飲めば苦いが、深く潜れば清流がある。要は、それを知っているか否か、「潜る術《すべ》」を身につけているか否かが大事なのである。

その「潜る力」、「沈潜する力」を授けてくれるのが、読書である。

活字を目で追うのは疲れるし、時間もかかる。その意味では、まったく今風ではない。しかし、その忍耐を越えることによって、初めて清流にたどり着けるのである。

齋藤 孝

読書のチカラ　目次

第2章 あらゆる本が面白く読める技法

第4章

読書力がいままでの10倍よくなる技法

「自問自考」のすすめ

活字を目で追うだけが読書ではない

書棚をつくると記憶力は向上する

「一日一冊」本を読むいちばん簡単な方法

「アウトプット」で本は血となり肉となる

第5章　あっという間に本一冊が頭に入る技法

第1章
人生を楽しみつくす読書の技法

師匠、そして友としての「読書」

強くなければ生きていけない

学生と日々接していると、「なぜ問題を整理できないのか」と不思議に思うことがしばしばある。

たとえば就職活動で、志望していたマスコミ関連をことごとく落ちたとする。それならそれで切り換えて、早く次の志望先を探すなりアプローチするなりすべきなのに、いつまでも踏ん切りをつけられない。

あるいは教員を目指すなら、当然ながら教員採用試験をパスする必要がある。そのためには、受験勉強のような地道な作業が欠かせない。私はよく「一生の仕事をゲットするためだから、一日一〇時間は勉強しろ」とハッパをかけるが、これはけっしてオーバーではない。ところが、この当たり前のことをしようとしない学生が妙に多いのである。

彼らに欠けているのは、一言でいえば「**自分自身と交渉する力**」である。自分自身の目標や希望と、実際の実力や状況を照らし合わせ、現実的な優先事項を決定する。そういう姿勢が足りないのである。

そのことは、企業の面接官にも一発で見抜かれる。精神的に弱い者は、自分自身のこともうまく語れないし、マニュアルから外れた受け答えも苦手だ。そして企業は、こういう人間をもっとも嫌う。将来のコスト増につながりかねないからだ。採用してもすぐに辞めてしまうおそれがあるし、弱さを人に見せまいとして周囲とトラブルを起こしやすい。傷つきやすい人間と仕事をすると、余計な気をつかうことになる。

実は大学も、精神面の問題を抱える学生のために、たいへんな苦労を強いられている。そのための会議を開いたり、何らかのシフトを敷いたりといった具合だ。もちろん、大学は教育機関だから企業とは別の論理で動いているが、企業にとってこういう社員はリスクでしかないだろう。

対照的なのが、たとえば広島東洋カープの前田健太投手だ。彼はＰＬ学園時代、全国的に有名な選手ではなかった。しかし、同校で質・量ともにおそらく国内最高レベルの厳しい練習に明け暮れたおかげで、誰にも負けない精神の強さを培った。カープ入団当初、「プロでも驚くようなことはなかった」と発言して話題を呼んだが、これも自信の表れだろう。スピードや技術の問題ではなく、精神面において自分はプロとして通用すると考えたに違いない。

実際、その後の活躍は周知のとおりである。精神がしっかりした人間は、伸びていく。スポーツのように体力が直接的に関《かか》わる領域でさえ、精神性は技術よりも大きな意味を持つということだ。

優秀な人ほど何冊もの本に目を通す

では、どうすれば精神性を鍛えることができるのか。もちろん、前田投手のように若いころから厳しい環境に身を置くのも一つの方法だ。だが多くの人の場合、そう簡単に環境を変えられるわけではない。そこで、読書である。

およそ企業経営者には、読書好きの人が多い。特に大企業を率い、日本の財界のリーダーも兼ねているような経営者は、ほぼ例外なく大量の本を読んでいる。あるいは私がしばしばお会いする、七〇～八〇代になってなお経営のトップで活躍されている方々も、一様に無類の本好きだ。

私が思うに、これは偶然ではない。まず経営者というものは、一般に思われている以上の莫大《ばくだい》なストレスを日々受けている。自分や家族のみならず、社員や取引先やその家族の生活に対しても直接・間接的に責任を負うとなれば、これは当然かもしれない。その重荷に耐えるために、読書を続けているのではないだろうか。

メリットは大きく二つある。一つは、単なる娯楽の領域を超え、一人の時間を得ることによって精神のバランスを取り戻せること。そしてもう一つは、**経営者に欠かせない決断力・判断力を磨く術《すべ》になる**ということだ。

一時的にせよ本の世界に浸ることで、判断しなければならない対象から距離を置くことができる。それが冷静な判断を可能にするわけだ。またもちろん、本に記された人類の叡知も、おおいに判断の参考や勇気づけになるはずだ。こう考えれば、むしろ本を読まない経営者のほうが不自然だろう。

だとすれば、読書は経営者のみならず、あらゆる人にとって有益なはずだ。今や、判断力を必要としない人はいないからだ。かつて江戸時代ごろまで、日本の人口の圧倒的多数は農民だった。彼らは日々の作業において、刻々の判断を迫られることはなかった。天候などに左右されることはあるものの、基本的には年単位で同じ作業を繰り返していればこと足りた。

しかし現代は、そうはいかない。仕事にせよプライベートにせよ、なまじ選択肢が多いだけに、大なり小なり判断を迫られる。就職や転職をどうするか、結婚するか否か、どこに住むか、といったその後に大きく影響する判断もあれば、飲み会の店をどこにするか、誰を誘うか、二次会をどうするか、といった日常的な細かな判断も必要だ。

そして多くの場合、失敗や敗北は本人の能力ではなく、判断ミスに負うところが大きい。プロスポーツの世界でも、「あの場面であの作戦を選んだばかりに……」ということはよくある。もともと実力の拮抗《きっこう》した者どうしが激突して勝敗がつくのは、だいたいこういうケースだ。日々の仕事やコミュニケーションなどでも、一瞬の判断ミスが大きな失敗や喪失につながった経験は誰にでもあるだろう。

逆に考えると、**判断力さえ鍛えれば、社会とうまく折り合える**ということでもある。その能力を「刀」にたとえるなら、いつでも使えるように日々研いでおけばよい。その〝研磨剤〟になるのが、読書というわけだ。

一方、ここで邪魔になるのが「感情」だ。たとえ判断ミスで失敗しても反省せず、「自分は一生懸命やった」「相手のことを思えばこその行動だった」「だから自分は悪くない」という自分本位の〝結論〟を強引に導き出してしまう。自分の感情さえ保つことができればいい、という具合に問題を矮小化《わいしょう》してしまうわけだ。

そうなると、当然ながら合理的な判断はおろそかになる。一生懸命がんばっているが、判断が間違っているために成果が出ない、という悲惨な事態になりかねない。最近は、こういう人が増えているのではないだろうか。

賢人の「視点」を学ぶ

では読書とは、感情ではなくビジネスライクな判断力を鍛えるものなのかといえば、それは違う。

たしかにビジネススクールなどに行けば、判断力を鍛える講座はある。ケーススタディー形式で学んだり、ロールプレーイングを実践したり、あるいはディスカッションや判断のスピードトレーニングをしたりといった具合だ。実は私の授業でも、こういうトレーニングはひんぱんに取り入れている。授業というライブ空間でなら、判断力をきわめて効果的に養うことができるからだ。

しかし一人でいる時間に、ロールプレーイングやディスカッションをすることは物理的に難しい。そういうときに自分を鍛えるには、読書がもっとも効果的だ。複数の人と共同で行う作業とは違い、一人だからこそ深く考えられるし、精神力も鍛えられやすい。感情に囚《とら》われがちな自分を、冷静かつ客観的に見つめ直す機会になるわけだ。

本には、かならず何らかの視点がある。

自分自身を正当化したり、感情を優先させたりする前に、自分の思考をその視点に移動して見ることが読書の醍醐《だいご》味であり、知性の柔軟性にもつながる。まして読書量が増えてくれば、その分だけ視点も増える。つまり〝**多視点思考**〟が可能になるわけだ。

しかも、もともと著者には個性的な人が多い。一〇人いれば一〇とおりの視点で世の中を見据え、人生を語っている。そういう偉大なる他者の視点に次々と自分自身を慣れさせれば、世の中の見方も大きく変わってくるだろう。自分の一時の感情が恥ずかしくさえ思えてくるに違いない。それが、知性というものだ。

さらにいえば、複数の本で提示された複数の視点から、一つの新たな視点を獲得することもできる。たとえばイエス・キリストとニーチェとドストエフスキーが「神とは何か」をテーマに語り合うとしたら、収拾がつかないほどの激論が繰り広げられるに違いない。こんな〝ドリームマッチ〟は現実には不可能だが、この三者の本を同時並行的に読むことはできる。

そうすると、たしかに三者の主張はバラバラだが、底流の部分で価値観が似通っていることに気づく。一方で「神は死んだ」と言い、もう一方では「神の国あり、来たれる」と逆のことを言っているようでいながら、実は彼らは共感し合える関係にあるということがわかってくるのである。これも、読書の醍醐味の一つだろう。

第一級の本から学ぶことの大切さ

脳と心を「スイッチ・オン」する

遺伝子研究の権威である筑波大学名誉教授の村上和雄先生の著書に、『スイッチ・オンの生き方』（致知出版社）がある。人間の遺伝子は九九・五％が同じだが、能力に差が生まれるのは、個々の遺伝子をどれだけ「スイッチ・オン」の状態にしているかによるという。では、いかにしてスイッチをオンにするかといえば、一つには一流の人物と触れ合うことだと説いておられる。

私はこの考え方におおいに感銘を受け、しばしば学生にも紹介して実践を奨励している。たしかに、一流と呼ばれる人から学べる点は大きい。逆にネガティブな人、人間的に小さい人と常に一緒にいると、自分も似たような人間になりやすい。およそ人の心は他者の影響を受けやすいのである。

たとえばニーチェは、そういう小さい人間を「ハエ」と表現した。他人の成功を妬《ねた》んだり、自身の弱さを他人への復讐《ふくしゅう》心に変えていくような人物を指す。そして「そんなハエを叩《たた》いて人生を過ごしてはいけない」とメッセージを発したのである。

とはいえ、周囲にいるのが一流の人ばかりとはかぎらない。むしろ社会とうまく折り合っていくために、仕方なく「ハエ」のような人とも触れ合っているのが現実ではないだろうか。

これに対し、ニーチェはもう一つ重要なメッセージを残している。「孤独の中に逃れよ。もっと強壮な風に吹かれろ」がそれだ。まさに本を読むことが、これに当てはまるのではないだろうか。単に自身を憐《あわ》れんだり、引きこもったりするのではない。**「強壮な風」とは、一流の人の思考や精神**ということになる。そういう風に一人で吹かれることで、精神を鍛えようというわけだ。

実際、一流の人にリアルに会える機会は滅多になくても、一流の人の本なら、いつでも誰《だれ》でも読むことができる。まして古典のように時間の評価に耐えてきた本なら、「超一流」であるといえるだろう。そういう偉大な先行者に馴染《なじ》むことで、自分の遺伝子をスイッチ・オンさせていく手はあるはずだ。

たとえば『論語』を読んで孔子にスイッチ・オンさせてもらうとしよう。おそらく、その状態は生活にも影響を与える。二〇〇〇年以上前の本でありながら、今日的な教訓に富んでいるからだ。

「其《そ》の位に在らざれば、其の政《まつりごと》を謀《はか》らず（泰伯《たいはく》第八―一四）」もその一つ。「その地位・役職にいないのなら、その仕事に口出しをしないことだ」という意味だが、こういう言葉が頭の片隅に入っていれば、他人に対して何かを言おうと思った瞬間、自重を促されることになる。それによって自身が救われたりすることもあるはずだ。逆に、自分自身を後押ししてもらえることもあるだろう。

言い換えるなら、**先行者の大事な言葉と出会うということは、ある種の遺伝子の一個をオンにすることに等しい**わけだ。この繰り返しによって複数の遺伝子がオンになってくると、たとえば「やる気」のような姿勢や意志にも影響が及ぶようになる。本を通じて常に偉大な他者に触れることで、心のコンディションまで高く保てるわけだ。

その状態が長く続くと、今度はそれが習慣化する。だとすれば、あとは自分の心をどういう水準に保ちたいかという意思しだいである。

情報が圧倒的に不足している

ここで、日常で一人になった時間に何をしているか、思い返してみていただきたい。昨今なら、まず欠かせないツールがケータイだ。主にメールのやりとりで、褒め合ったり愚痴をこぼし合ったり、あるいは誰かの悪口を並べたり、噂話《うわさ》を流したり。こういうたいした意味のない身近なコミュニケーションに、膨大な時間を費やしている人は少なくないだろう。

振り返ってみると、一九八〇年代の電車内には、まだ本を読む人が少なからずいた。その後、九〇年代になるとマンガやウォークマンで過ごす人が増えはじめ、本派は減少の一途をたどった。そして今日では、圧倒的多数がケータイをいじっている。自宅でも、本を読むことができるはずの時間を、別のことになんとなく費やしてしまっているのではないだろうか。

もし、通勤・通学の電車内や自宅での一日二〜三時間を読書に充てたら、その分だけ間違いなく思考も深くなる。これを毎日続ければ、相当に深掘りができるはずだ。

むしろ時間を浪費して過ごしてしまうぐらいなら、なぜこういう使い方をしないのか、私には不思議にさえ思える。読書好きか否かとは別に、人の生き方として、ここで致命的な差が生まれる気がしてならない。

しかも今後、情報端末はハードもソフトもさらに充実してくるだろう。誰でも安価で手に入れることができ、娯楽の種類も圧倒的に増え、それさえ持っていれば一人の時間をいくらでもやり過ごせる時代になる。世界中の面白い動画をすぐに見られる。すべての音楽を聴ける。ゲームなどもよりどりみどり。自分の意見を発信したり、自分の演奏を公開することもできる。その面白さたるや、どんなメディアもオモチャも太刀《たち》打ちできないかもしれない。

娯楽はもちろん大切だが、心の深部に届く知を獲得することを面倒くさがると、最終的に痛手を被るのは自分自身である。快適さが当たり前になっているために、快適ではない状態に耐えられない。まして読書のような面倒なことはしたくなくなる。その結果、得られる知識はかぎられ、精神も浅く弱くなってしまうのである。

そう考えると、**私たちはむしろ「情報過多」どころか「情報不足」の世の中を生きている**のかもしれない。

情報化時代といわれながら、企業の採用担当者たちからは、「最近の学生は本を読まないので、あまりにものを知らない」という、厳しい評価を聞く。自分の興味のある情報以外には関心を持たない傾向も指摘されている。

本には情報が凝縮されているし、自分の能力に合わせて深く早く吸収することもできる。だとすれば、もっと読書を意識づける必要があるということだ。自分の時間にやることとして読書を意図的に最優先で挙げるぐらいでなければ、いよいよ〝情報弱者〟になってしまうだけだろう。

本は精神の不毛感を埋めてくれる

やや大げさにいえば、これは生き方にも関わる問題だ。精神を良好に保ち、**人生に対して充実感を持てることこそ、生きる上での最大の柱になり得る**。それは社会的な地位や収入とはまったく無関係であり、したがって世間的に見た成功・失敗の価値観とも一線を画している。

経済的には余裕で暮らしていける人でも、精神の不毛感を感じる人は少なくない。その一方で、たとえば俳句を趣味にしている人なら、いい一句を生むことができるだけで、生活の苦労を吹き飛ばすほどの大きな喜びを感じられるかもしれない。

あるいは日々に不毛感があれば、それを句でどう表現しようかと考えることもできる。吹き抜けていく秋の風にたとえようか、それとも冬の霜になぞらえようか、といった具合だ。そう思っているうちに、不毛感をはじめ日々感じているつらさや哀《かな》しみも、一つの精神の深さや豊かさとして、肯定的に捉《とら》えられるのではないだろうか。

その典型が、恋愛にまつわる俳句や和歌の数々だ。多くは、会えないつらさ、会いたいという思い、あるいは別れてしまった人に対する未練や恨みといったものが込められている。いわば苦しみが生んだ心の芸術といえるだろう。そういう精神性が、文学や古典には溢《あふ》れているのである。それを読むことで、読者も時空を超えて共感したり、自らを見つめ直したりすることができるのである。

もっと極端な例として、ヴィクトール・E・フランクルの『夜と霧』（みすず書房）が挙げられよう。ナチスによって建てられたユダヤ人収容所内の過酷すぎる生活を描写しつつ、その中でも愛する人のことを考え、希望を失わず、なんとか生きながらえていく自身の姿を追った世界的ベストセラーだ。人間にとって希望がいかに大切かを切実に訴えかけてくるが、少なくとも読んでいて単純に爽快《そうかい》な気分になれる本ではない。

しかし、当初はショックを受けたとしても、時間が経《た》つにしたがって自分の中に深く「沈澱」し、一つの現実として受け入れられるようになってくる。それは、多少なりとも自分自身が強くなったことを意味するのである。

あるいは名作中の名作とされているドストエフスキーの『罪と罰』にしても、袋小路にはまり込み、行き場を失った人間の精神が立ち上がるまでを克明に描いている。これを読むことは、一つの人生を疑似体験することに等しい。それによって、自分自身の精神をより深く掘り下げることができるのである。

「良質」な本でなければ意味がない

ところが現実には、第一級の古典が読まれることは少ない。一方で、最近の小説の中には、ベストセラーになったり、映画化されて話題になったりするものもよくある。

だが、それらにほぼ共通しているのは、登場人物たちの人間性が目にあまるほど浅いということだ。だから、いくら精読しても共感できない。私に言わせれば、なぜ

『罪と罰』のような重厚な古典が軽視され、最近の軽い小説が重宝がられるのか不思議でならない。せめて先に古典を読んでいれば、今の作品の軽さもよくわかるはずだ。

たとえば福沢諭吉の『福翁自伝』などは、日本の名著ベスト3に選びたいほど面白い。だが、今や読んでいる人はなかなかいない。特に慶應義塾大学では学生全員に配付されているはずだが、必ずしも読まれていないようだ。

以前、同校の学園祭で講演した際、壇上から「読んだ人は?」と尋ねてみたところ、手を挙げたのはせいぜい二割程度だった。門下の〝塾生〟にさえ読まれていないのだから、それ以外の人がどれほど読んでいないか、推して知るべしである。

最近は本が売れないとか、読書人口が減っているとか、一人当たりの読書時間が少ないとか、本をめぐる問題はいくつも取り沙汰《ざた》されている。だがもう一つ、大きな問題は本の「質」だ。何でも読めばいいというものではない。中身のない本に時間をかけるくらいなら、質のいいテレビ番組でも見たほうがよほど有意義だ。昨今は何かと評判の良くないテレビだが、いい番組も探せば少なからずある。一流の人間の考え方を披露したり、一流の芸術を紹介したりといった具合だ。

見方を変えれば、そういう番組以上に中身のある本でなければ、読む価値はないということだ。たしかに、まずは本の楽しさを知るために、とにかく興味の赴くままに何でも読むという時期があってもいいかもしれない。しかし、それはあくまでも第一段階だ。そこで止まっている人は多いが、これでは思考を深めることはできない。その上で、質のいい本に至るという第二段階が必要なのである。

たとえば世界的に認められている『罪と罰』なら、日本人全員が読んでいてもいいはずだ。『カラマーゾフの兄弟』もいいが、いささか長いため、慣れていないとしんどいかもしれない。あるいはガルシア＝マルケスの『百年の孤独』も〝必読書〟に入り得るが、ストーリー重視の小説ではない分、楽しむには若干の技術がいる。

だが、**これらの古典的良書を避けて底の浅い本ばかりを読むということは、一軍のプレーを恐れて万年二軍で満足しているようなもの**である。実にもったいないことではないだろうか。

それに、良質の本は新たな知識・情報の起点にもなり得る。そこに書かれている内容に刺激を受けて新たな興味が生まれたり、紹介されている本や人物について調べてみたり等々の作用によって、世界が点から線、そして面に拡大していくのである。それはちょうど、東京駅や新宿駅のようなキーステーションの役割といえるだろう。

これによって新たな起点と出会えれば、面はより大きくなっていく。こういう自己増殖のサイクルに乗りはじめると、もう本のない世界はあり得ない、という意識に変わっていくはずだ。

"甘え"が判断力を鈍らせる

音楽の世界なら、古典はある程度の市民権を得ている。誰でも、多かれ少なかれベートーヴェンやモーツァルトの音楽を耳にしたことはあるはずだ。

ところが、本の場合はそうはいかない。「『運命』ならなんとなく聞いたことはある」という人はいても、「いつの間にか『罪と罰』が頭に入っていた」ということはあり得ない。読むという行為には、積極的な知性が不可欠だ。ましてレベルの高い本なら、相応の高い能動性が求められる。「ただ楽しみたい」「暇つぶしができればいい」という姿勢では読めないのである。

なぜなら、こういう本にはいくつかのハードルが仕掛けられているからだ。退屈な場面もあるし、深く考えなければついていけない部分もある。著者の深くて起伏のある精神性に「寄り添う」には、かなりの忍耐力が必要なのである。

その作業を乗り越えていくと、精神の起伏に対する寛容性や読解力が身につくとともに、自身の起伏を生み出す力にもなってくる。それはちょうど、「クロスカントリー」のようなものといえるだろう。自然の野山など、アップダウンのあるコースを駆けめぐることでハードな負荷がかかり、身体が鍛えられるのである。

以前、私はアルペンスキーのナショナルチームのコーチをされている方から、興味深い話を伺ったことがある。この方は、アルペンスキー界の不世出の王者と呼ばれたインゲマル・ステンマルクと一緒に練習したことがあるという。その際、ステンマルクは恐ろしいほど起伏のある斜面を練習場所に選んだそうである。

コーチをしているぐらいだから、この方の技術もきわめて高いはずだ。ところが、ついていけない。しかもステンマルクは「バックル（靴の留め金）を外せ」と指示してきたという。外せば足から靴とスキー板が脱げやすくなり、危険だ。だがもちろん、ステンマルクはそれを難なくこなしたそうである。

ステンマルクの論理によれば、なまじ固定してしまうから、足の裏の感覚が鈍るのだという。それを外すことによって、雪面を足の裏の精妙な感覚で捉えられるようになるらしい。いわばバックルに支えられているという〝甘え〟が、危機的状況に対処する野性の感覚を鈍らせている、ということだろう。

これは現代人の読書についてもいえる気がする。ドストエフスキーに出会うということは、バックルを外してこぶだらけの急斜面を滑り降りるようなものである。それによって心の野性が鍛えられ、ひいては判断力も身についてくるのではないだろうか。

自分を鍛えるときには本を読む

本を読む意義は三つある

そこで重要なのが、どんな本を選ぶかだ。同じ読書でも、読む本によって意義はまったく違ってくる。これには、大きく三とおりがある。

第一は、情報を得るための読書。たとえば、仕事や試験の必要に迫られて読む場合もあるだろう。第二は、一人の時間を楽しく有意義に過ごすための、頭の中でイマジネーションを膨らませる読書。そして第三は、自分を鍛え、精神を豊かにするための読書である。

いずれも必要だが、特に第二、第三の読書については並行させることができる。精神を直接に鍛える偉大な本ばかりではなく、単純に面白い本も、心を落ち着かせるために有効だ。言い換えるなら、**一人の時間を読書で満たすことができれば、孤独を感じることも少なくなる**のである。

たとえば大切な人と別れて寂しい思いをしているとき、読書という手段を持つ人と持たない人とでは、その後の立ち直り方が大きく違ってくるだろう。もともと読書は一人でするものだから、寂しさを軽減することができるわけだ。

あるいはもっと若い人にとっても、おおいに救いになる。もちろん友人はいたほうがいいが、何らかの事情で疎遠になったとしよう。その際、強迫観念のように友だちがいないと不幸だなどと思う必要はまったくない。むしろ、いい機会と捉えて読書に集中したほうがよほど建設的だ。

これは、私の経験則からもいえることだ。かつて学生時代、友人とあまりかかわらず、生活の中におよそ会話らしい会話もほとんどない時期があった。今から思えば、まさにそのときこそ、読書を深めることができたのである。長く一人でいる分、偉大な人の書いた本に共感しやすい状況が生まれた。つまり第三の読書がおおいに進んだわけだ。

同じような状況は、誰にでも起こり得るだろう。人間関係のみならず、仕事や家庭でうまくいかないことはよくある。その際に読書に逃げ込むことができれば、その世界をより深く味わえることになる。うまくいかなくても大丈夫、という心の支えにもなる。雨が降っても心の地を固めることができるわけだ。

そして社会生活に復帰し、日常の交友関係が戻ると、第三の読書が難しくなる。精神的に向上しているため、つらい部分に共感できなくなるのである。そうなれば、第二の読書を楽しめばよいだけの話だ。

だとすれば、人生の調子のいいときも悪いときも、本とは良好な関係を保てるということだ。読書を味方につけた人は、世の中でどんな目に遭い、感情がどのように動いても、その時々に合った本で楽しむことができるのである。

ミステリーの世界に入り込む楽しさ

気楽に読める本の代表格といえば、ミステリーや推理小説の類《たぐい》だろう。ただそこにも、歴然とした出来・不出来がある。前者には人間の精神がそれなりに描かれ、共感したり身につまされたりするものだ。

たとえば『ミレニアム』(スティーグ・ラーソン著/早川書房)という作品がある。

同書は三部構成で各上下巻があり、全六冊もある。それを一気に読み過ぎないよう、一日二章分ぐらいずっとルールを決めて読むことにした。長期間にわたって楽しむための工夫である。

おかげで、しばらくの間、夜になるとその世界に入り込む生活が習慣化した。主人公は男女二人。彼らはそれぞれに冒頭から危機に追い込まれ、悪戦苦闘する。その運命は常にマイナス状況だ。

読者として彼らに寄り添っていると、自分の抱えていたストレスが共振しながら溶解していくような気がしたものである。その当時を今から振り返ってみると、実生活としてはいい時期ではなかった。しかし、この小説を伴走者に得たおかげでずいぶん救われた。私にとっては、いわば戦友のような関係である。

こういう本との付き合い方も、なかなか有意義ではないだろうか。読む本や自分の心境に応じて、読み方を工夫してみればよい。たとえば本当につらいときなら、一冊に没頭して一気に読んでしまうという手もあるだろう。**それによって他人の人生を一つ通り抜けてみると、自分自身も俯瞰《ふかん》的に見ることができるようになる。**それだけ心に余裕が生まれるのである。

あるいは、同じくミステリーに『シャッター・アイランド』（デニス・ルヘイン著／早川書房）という作品がある。二〇一〇年にレオナルド・ディカプリオ主演で映画化されたので、知っている人も多いだろう。ここで描かれているのは、精神の病と壮大な妄想だ。ミステリーらしくさまざまな〝仕掛け〟が登場するが、それ以前に、悲惨な経験をした人物が精神を侵され、妄想の世界に逃げていく姿がリアルに伝わってくる。

ここで読者は、はたと現実の問題として考えさせられることになる。もしひどくつらい思いをしたとき、自分も妄想に逃げないという保証はない。あるいは自分に当てはまらないとしても、人間全般の精神が脆《もろ》いものであることは間違いない。そういうことに気づくだけでも、自分の心に少しだけ奥行きが生まれる。人間に対する理解が深まる、と言い換えてもいいだろう。

本は自分を見つめ直す〝鏡〟になる

人に対する理解が深まることで、事態が好転することはよくある。一面的な評価を控えるようになれば、偏見や差別もなくなるだろう。あるいは自分自身に対しても、

「今は自己顕示欲にかられている」とか「嫉妬《しっと》心からこんなことを言っている」などと冷静な分析が行えるようになる。**自分が自分を理解した時点で、最悪の状態からは逃れられる**のである。

逆に危険なのが、自分自身を騙《だま》してしまう人、または自分の言動の意味に気づかない人だ。こういう人は、何があっても本質的に反省できないため、早晩人から遠ざけられる可能性が高い。要するに自分自身に対する理解力、ひいては知性が欠けているわけだ。

ただし、それを人から指摘されると反発したくなるものだ。誰でも自分の痛いところを突かれれば、咄嗟《とっさ》に「そんなことはない」「○○のせいだ」と自己正当化するだろう。直接的な対人関係においては、こういう〝襲撃〟に対して、それを振り払おうとする本能が働くのである。

その点、本なら攻撃性はかなり緩くなる。そこにモノとして存在しているだけで、人に何らかの危害を与えようとか、干渉しようなどという意図は最初からない。だから読み進めていくうちに、そこに自分を投影させ、少しずつ「そういえば自分も……」と素直に自省する気持ちが芽生えてくるのである。いわば自分自身を見つめ直す〝鏡〟にすることができるわけだ。

自分を見つめるといえば、かつては坐禅がその役割を担っていた。だが現代人が実践することは、なかなか難しい。また日記をつけて自分の心理を振り返るという手もあるだろうが、ブログでしばしば見られるように、自己顕示欲や自己正当化の道具にもなりかねない。こうなると、本当に自分と向き合うというより、また一つ外向きの自分をつくり上げるという感覚に近いだろう。

あるいは音楽を聴くことで、いろいろ思い返したり反省したりすることもある。それだけ、音楽には感情を揺り動かす力があるということだ。だがそれは、読書のような言語的な知性を活用する行為とはいささか違う。

たとえば、「感動的」といわれている音楽の歌詞を取り出して文章として読んでみると、その内容の軽薄さにがっかりすることが少なくない。メロディがあって初めて成り立つということを再認識できるわけだ。「愛してる、そばにいるよ」といった使い古されたような言葉でも、メロディやリズム、歌い手の声が相まって、「感動」を呼ぶことができるのである。

かといって、文学者や評論家が書くような複雑な文章を歌詞にすれば感動が深まるかといえば、けっしてそうではない。音楽から得る感動とこういう文章から得る感動とでは、種類がまったく違うのである。

まして昨今は、音楽の役割が肥大化しすぎている感がある。心の平安や癒《いや》しといったものの相当部分が、音楽で賄われている。ある種のJ－POPやヒップホップ系の音楽などはその典型で、「今の自分の思いを代弁してくれている」と好んで聴く若い人はきわめて多い。もちろん優れた歌詞の曲もあるが、たとえ歌詞が浅くても、心の浅い人が増えている分、それで商品として通用してしまうのかもしれない。

しかし、こういう〝**浅さがつなぐ相互依存**〟のような関係の中からは、人の心の奥を探るような深さは見出《みいだ》せない。自分の心を研ぎ澄ますなり、リフレッシュさせるなりするには、やはり読書の時間を持つことが最適ではないだろうか。

〝孤読〟の時間を生かす

かつての大学には〝読書文化〟が生きていた

私が読書にはまったのは、本来なら大学入試に向けた勉強を本格化させなければならない時期だった。今でもそうだが、当時は岩波新書が教養の入り口であり、かつスタンダードとされていた。それを片っ端から読んだ覚えがある。

たとえば、世界史の教科書を暗記する代わりに手に取ったのが『歴史とは何か』（E・H・カー著／岩波新書）だ。そこから興味の幅を広げ、『ホモ・ルーデンス』（ヨハン・ホイジンガ著／中央公論社）なども読み耽《ふけ》った。受験勉強としてはあまりにも遠回りだったが、もちろん後悔などしていない。

岩波新書は心理学関連のラインナップも豊富で、たとえば『感情の世界』（島崎敏樹著）や『人間の限界』（霜山徳爾《とくじ》著）なども愛読した。霜山先生については『人間の詩と真実―その心理学的考察』（中公新書）も読み、また翻訳をされた前述の『夜と霧』も愛読書になった。

あるいは英語の〝勉強〟のためにと、文章が優れているバートランド・ラッセルの原書をよく読んだ。孤独を慰めるには長編小説が適しているので、たとえばビルドゥングスロマン（教養小説）と呼ばれるロマン・ロランの『ジャン・クリストフ』を毎日読み続けたりもした。第一級の学者・作家による著書や翻訳書、またはそこで紹介された本といった具合に、次々と幅を広げていったしだいである。これが、読書が本格化した主な要因だ。

大学に入学すると、本の話が日常会話になった。仲間どうし、すれ違いざまに本を紹介し合ったり、ある本の解釈をめぐって夜通し議論したりといった具合である。当然ながら、読んでいなければ黙って聞いているしかない。その輪の力関係や発言権は、読書量に比例していたわけだ。だから、誰もが競うように本を読んだ。今の大学ではもう廃れてしまったが、当時はそういう文化がまだ残っていたのである。

あるいは大学の講義では、それぞれの先生が大量の本を紹介することが茶飯事《さはんじ》だった。それも「読んだほうがいい」という生易しいレベルではない。「柳田國男を読んでいないなんて恥ずかしい」「マックス・ヴェーバーを読むのは常識だ」「よもやレヴィ＝ストロースを知らないということはないと思いますが……」等々、かなり強圧的なプレッシャーをかけられた覚えがある。

ここまで言われると、さすがに「読まなきゃ」という気持ちになる。そして実際、多少無理をしてでも読んでみると、なるほど多くの発見がある。だから私もこれを見習い、今でも教壇から学生たちにプレッシャーを与え続けているのである。

一人でいる時期、これが大切

実は大学時代、私の精神状態はかならずしも良好ではなかった。人間関係もうまくいかず、一人でいる時間が長かった。一人暮らしで人と会わない生活をしていると、残される道は本格的な孤独しかない。おかげで、一週間のうちに人と話したのが、近所の定食屋のおばちゃんを含めて三人だけだったこともある。

そのときに何をしていたかといえば、圧倒的に読書である。暇だった当時、一日七〜八時間もぶっ通しで読み耽ることがよくあった。専門書など難解な本や苦手とする分野の本にも、あえてチャレンジした。**本の世界に没入することが、精神の安定剤になっていた**のである。

それは単純に本が面白かったためでもあるが、こうして読み続けることが自分にとって力になるという予感もあった。それはちょうど、野球部の補欠選手が「練習は裏切らない」と言いながら、ひたすら素振りに明け暮れるような感覚だ。もしかしたら、結局レギュラーにはなれず、せいぜい三年夏の最後の試合で九回裏ツーアウトから代打で使ってもらえる程度で終わるかもしれない。しかし、バットを振り続けた事実は変わらない。それが自分の心の糧になり、日々を充実させるもとになった。

孤独感や不全感は、誰もが少なからず抱えているものだろう。それこそ、本に出会うチャンスだ。日常に何か物足りない思いをしているとき、すばらしい賢人に出会って薫陶を受けたり、すばらしい異性に出会って大恋愛に発展したりすれば、その穴は埋まるかもしれない。だが映画やドラマでもないかぎり、現実にこういう機会は少ない。それに対し、すばらしい本に出会い、ある種の恋愛関係的な深みにはまることなら誰にでも経験できるのである。

ついでにいえば、若いうちに長編や難解な本にチャレンジすることは、その後の読書スタイルにも影響を及ぼす。たとえば私は仕事上、門外である理科系の小難しい本などを読む必要に迫られることがあるが、さして抵抗感なく読める。学生時代から培った読書力で、どんな本でも読めばなんとかなる、と自信を持っているからだ。

だから私は、学生向けの課題図書として、あえて『カラマーゾフの兄弟』のような重厚な長編を選ぶことが多い。まだ時間に余裕があり、将来に対する目的も定まらず、社会的な役割や責任も軽い学生時代だからこそ、じっくり腰を落ち着けて本と向き合うことができるからだ。

賢人たちとエネルギーを交換する

ものごとが思いどおりに運ばないとか、人間関係でストレスを溜《た》めるといったことは誰にでもある。そのとき、怒りや発散すべきエネルギーが内に籠《こ》もってしまうと、いささか危険だ。やがて他者や自分に対する攻撃性となって表れかねない。

だが、日常とは別に何か熱くなれる対象や時間があれば、心の平衡は保てるものだ。それは人と語らうことかもしれないが、それだけではやや温度が足りない。その点、**人が本に没入した際に発するエネルギーには、地下深くから噴き出すマグマのよ**

うな熱さがある。

だいたい良書の著者には、マグマのように熱い人が多い。たとえばニーチェなど、実際に会えばきつすぎる個性の人物かもしれないが、その強烈な思想は確実に熱い。そんなエネルギー量の多い人の著書を読むことは、その熱い部分に近づいていく行為なのである。

それによって自分も発熱することが、心の支えになる。他者や自分への攻撃性も鳴りを潜めるだろう。イライラしたり、嫉妬したり、蔑《さげす》んだりする暇があれば、本を読んだほうがずっといいという発想になるからだ。それに、本から話題を拾って人と話すことができれば、一時的とはいえ孤独からも解放されるだろう。

つまり**読書には、著者からエネルギーをもらうと同時に、自身の精神的なエネルギーを吸い取り紙のように吸い取ってくれる力もある。**それによって溜まったストレスなどが軽減されるから、気分的に楽になれるわけだ。

特に最近は、エネルギーのやり場に困っている人が多い。それは若い人のみならず、六〇～七〇代、あるいは八〇代の人でも同様だ。心身ともに元気なのに、仕事の量も遊ぶ場も少ないため、溜め込むしかなくなっているのである。そういうエネルギーも、本はうまく吸い取ってくれるはずだ。

一方、若い人の場合には、読書が人格形成にもつながる。単なる情報とは違い、その人の人格幅そのものになっていく。ちょっとした会話の中で、「この人は器が大きいな」「成熟しているな」「判断力があるな」などと感じさせる度合いは、「読書の質と量」と相関関係にあると私は感じている。

つまり、若いときは自分を成長させるために、老いてからは楽しみの一つとして、そして一生を通じてエネルギーを吸収してもらうために、読書は欠かせないことになる。その意味で、読書は一生の友になり得るのである。

第2章

あらゆる本が面白く読める技法

どんな分野の本もそう困難ではない

「自分には無理」は禁句

本との出会いが、視界を一気に広げてくれることもある。たとえば、私は美術が好きだが、『巨匠に教わる絵画の見かた』（視覚デザイン研究所）やこれに関連するシリーズ本に出会って、「なんてわかりやすく技法が説明されているんだ！」と驚いた。たとえば『巨匠に学ぶ配色の基本』（内田広由紀著／同）では、名画の配色を変えてオリジナルと比較し、画家がその色を使った意味を考察するという、好奇心を刺激して止《や》まない趣向になっている。これを見ると、世界を代表する名画の知識を得られるとともに、なぜ「名画」と呼ばれるのか、その偉大さまで実感できる。美術をどう鑑賞すればいいのかわからない人にとって、たいへん優れた本である。

一見すると敷居が高そうな世界でも、ちょっとした知識があることで、グッと身近に感じることができる。あるいは、ごく一部の知識だけで視野狭窄《きょうさく》に陥りそうなとき、別の角度からの見方を提示されれば救われる。さらには、もっといろいろ調べてみようという意欲をかき立てられる。この本にかぎらず、そんな役割を果たす本は、どんな分野にも存在するのではないだろうか。

たとえば思想領域なら、内田樹さんの『寝ながら学べる構造主義』（文春新書）、木田元さんの『反哲学入門』（新潮文庫）、竹田青嗣さんの『ニーチェ入門』『プラトン入門』（いずれもちくま新書）、小阪修平さんの『そうだったのか現代思想』（講談社+α文庫）など読みやすい解説書が数多く出ている。これらの本を入り口にして、少しずつ哲学や思想の世界に足を踏み入れてみるのも面白いだろう。

私たちの多くは、ある特定分野の権威や専門家を目指しているわけではない。しかし**大人なら、どの分野についても「知識ゼロ」ではいささか情けない**。そういう〝空白領域〟が圧倒的に広いようでは、いよいよ恥ずかしい。一般常識として、ある程度は知っているべきだし、また本人にとっても損はないはずだ。

ところが現実には、〝恥ずかしい人〟がけっこう多い。私がふだん接している学生なども、残念ながらその例外ではない。

ただし、彼らはけっして知力が劣っているわけではない。ことさらに世の中に対して無関心であるとか、勉強を放棄しているということもない。問題は、好奇心を刺激され、新しい領域に目覚めさせてくれるような本に出会っていないことにある。

そこで大学で、文科系の学生に対して理科系の本をすすめることがよくある。彼らは最初から「自分には無理」と諦《あきら》めているが、実はそんなことはない。意外とスラスラ読めることが喜びになり、また刺激にもなる。いわば思い込みによる〝食わず嫌い〟を解消すれば、一気に視界は開けてくるのである。

いい本に出会えば読みたくなる

あるいは以前、私は英語教師を目指している学生に向けて、『Small Talk』(Oxford University Press 刊) というCD付きのテキストを紹介したことがある。ごく日常的な会話を、ジャズのリズムに合わせて話すことで英語をマスターするという、たいへんユニークな一冊である。

すると学生たちは、こぞって「欲しい」と言い出した。「どこで売っているんですか」「書店で見たことないですよ」と迫られたほどだ。たしかに入手しにくいため、おそらく彼らよりはるかに忙しいはずの私が全員の希望を取りまとめ、一括して注文することになった。

この一事でもわかるとおり、彼らは頑《かたく》なに本を買わないわけではない。「面白そうだ」となれば、むしろ何としてでも手に入れようとするのである。要は、**そう思える本に出会っていないこと、本の存在自体を知らないことが問題**なのである。

また、この本はシリーズもので、子ども向け、休日向けなどさまざまなバリエーションがある。こうして一度出会ったことをきっかけとして、それらの本もチャレンジしてみようという気になるかもしれない。あるいは別のテキストも試したくなるかもしれない。それが興味というものだ。

ただし、彼らは何にでも食いついてくれるわけではない。私が有益なテキストや参考文献を紹介しても、まったく無反応なこともある。「難しそう」とか「面倒くさい」など、独自の判断基準を持っているらしい。

それでも絶対に読むべき本、授業で使う本については、「来週までに各自用意するように」と無理やりにでも買わせることにしている。これも、興味の幅を広げられればという思いからだ。いつか、こうして強制的に出会わされたことを感謝してくれる日が来ると、私は信じている。

書店は〝興味引き出し空間〟だ

ついでにいえば、読書慣れしていない学生ほど、本を買うのも遅い。「来週までに」と指示しても、用意できない者が意外によくいる。よほどレアな本でもないかぎり、今やネットで買えば二～三日で十分に手元に届く。あるいは周知のとおり、明治大学駿河台校舎は日本でも有数の書店街・古書店街に隣接している。通学の途中でちょっと立ち寄れば、いくらでも買えるはずだ。にもかかわらず遅いのは、私にとってはまったく謎《なぞ》である。

考えられるとすれば、彼らは本を買うこと自体に慣れていないのかもしれない。文庫や新書一冊をネットで買うのは気が引ける。かといって大型書店に行くと、どのフロアにどんな本が置いてあるのかよくわからない。だから面倒になって「いつでも行けるさ」と先延ばしし、結局ギリギリになるか、もしくは間に合わなくなってしまうのではないだろうか。

私の場合、ネットでまとめ買いすることもあるが、もっと急ぐ場合は大型書店に電話で問い合わせることもよくある。欲しい本をいくつか挙げて在庫を確認してもらい、取り置いてもらうようお願いする。あとは、カウンターに取りに行くだけだ。

これなら時間もかからないし、探す手間も省ける。それに、せっかく書店に入ったのだから、そのまま帰る手はない。時間の許すかぎりいろいろな本を見て回り、追加で何冊か吟味して買ってくるのが常だ。歩いているだけで、興味のない分野の無数の本が目に入ること、そしてタイトルや書評だけに頼るのではなく、実際にパラパラとめくって中身を確認できるところが、ネットではなく書店で買う大きなメリットである。こういう場は大事だし、何よりも楽しい。

そして新たな本に出会い、未知の分野への興味が芽生えると、**そもそも「興味・関心」や「好き嫌い」といった感覚自体が、実にいい加減なものである**ということに気づかされる。むしろ今は、こういう「自分らしさ」とか「自分の考え」に重きを置きすぎるのかもしれない。それが、かえって自分の世界を狭め、人間的な広がりや深さを限定してしまっているのではないだろうか。

たとえば「$E=mc^2$」に興味があるかと問われれば、多くの人は「ない」と答えるだろう。「何それ？」と逆に聞かれるだけかもしれない。だが、それは後述する『E＝mc^2—世界一有名な方程式の「伝記」』（デイヴィッド・ボダニス著／ハヤカワ文庫NF）に出会っていないからだ。この本なら、高校卒業ぐらいの学力があれば誰《だれ》にでも読める。感想は人それぞれだろうが、世界がまったく違うものに見えてくることは間違いない。

その後、あらためて「E＝mc^2」に興味があるかと問われれば、もう「ない」とは言えなくなるはずだ。興味とは、そういうものだろう。頑固に自分の殻に閉じこもっている必要は、どこにもないのである。

新聞で興味・関心を喚起せよ

本を読まない人が増えているのは、新聞が以前ほど読まれなくなったことも一因かもしれない。新聞のメリットは、とりあえず頭からざっと目を通すと、だいたい世の中の動きがわかることにある。

興味・関心のないニュースでも、大きな見出しで報じられていれば、必然的に目に入る。じっくり読むまでには至らなくても、その記事の大きさで世の中の関心事を把握できる。そこから興味が広がれば、もう少しネットや雑誌で調べてみようと思うかもしれない。さらに深く知ろうと思えば、もっとも手っとり早いのは関連する本を探してみることである。つまり、新聞が本への誘導路になるわけだ。

ところが新聞を読まず、ネットで自分の好みのサイトばかり見るとなると、当然ながら得られる知識は偏る。他の世界を知る機会が失われるため、誘導路に入ることもできないのである。

しかも交友関係がかぎられ、似た者どうしでのコミュニケーションが多いと、見聞きする知識・情報も限定的になる。その結果、**世間を騒がした大ニュースぐらいは知っていても、もとより興味のない分野に関してはとことん疎くなる。**世の中でどんな本が売れているのかさえ知らなかったりする。さすがに大学生として、これでは情けない。経済などの時事問題へのアンテナがないと、就活でも苦しい。

だから私は、大学の授業で新聞を積極的に活用している。各自気になった記事をノートに貼《は》り付け、それについて自分なりのコメントを書き込み、全員の前で発表する、といった具合だ（詳細は拙著『新聞で学力を伸ばす』〈朝日新書〉を参照されたい）。

以前、東京都と財団法人文字・活字推進機構の主催の「言葉」に関するシンポジウムに招かれたとき、猪瀬直樹さんも「新聞を読む」ことを推奨されていた。若い人に対して「とりあえず広告だけでもすべて目を通せ」とアドバイスを送っているそうである。そこには本や雑誌の広告もあるし、さまざまな商品広告もある。それを毎日見るだけでも、世の中の流れを摑《つか》むことができる、というわけだ。

いずれにせよ、新聞は強力なアンテナになり得る。興味がないから読まずに済ませるのではなく、興味がなくても目を通し、そこから新たな興味の芽を見つけていくことが重要なのである。

今はケータイやｉＰａｄなどにも、新聞が配信されている。検索機能もあるし、自分のキーワードで記事を集める機能があるものもある。過去の記事も含めて、**ザッと諸情報を組み合わせることで、複眼的な視点でものごとを見る力がつく。**紙と電子をうまく使いながら、「活字力」を高めたい。

初心者のための文学案内

「軽い」「浅い」からの脱却

　およそ知性によって、ものごとの見きわめ方は浅くもなるし深くもなる。ところがバブル崩壊後から今日までの二〇年間、日本は深浅の区別をしなくなってきたのではないだろうか。それだけ、深い知性・教養というものが重んじられず、かつて存在した価値基準が失われていったということだ。

　たとえば、ある種のサブカルチャーのようなものが「日本文化」の前面に出てきて久しい。これはこれで面白いし、誰にでも理解できる。しかし、深い見きわめを要求するものは、そう簡単には理解できない。だから、読書によって見聞を広げ、深めることが重要なのだ。

それはちょうど、一人一人が一歩ずつ踏みしめながら山を登って手に入れるような感覚に近い。**頂上にたどり着くことも大事だが、もっと重要なのは途中で景色を見たり、道を曲がってみたりといったプロセス**である。今の自分が知らないものに触れることで、自分を相対化し、深みを探求できるようになるわけだ。

ただ当然ながら、どんな本でも深さを持っているわけではない。日常の癒《いや》し程度しか得られないものも少なくない。一方で古典と称される本は、さすがに時代や地域を超えて読み継がれてきただけに、〝登山〟に値する深さがある。だが、相応の難解さがあるために、なかなかとっつきにくい印象は否めない。

私は大学で、ゼミの学生に対して毎週エッセイを書くよう指導している。ただし、単に自分の考えを綴《つづ》らせているわけではない。かならず出す条件が、「最低一つは何かの本から引用するように」である。

これを実践するには、何らかの本を「どこか引用できないか」という視点で読み込むことが前提になる。かならずしも全ページを読む必要はないが、こういう読み方をすれば集中力や吸収力は確実に増す。条件をつけた狙《ねら》いの一つは、ここにある。

だが、それだけではない。どんな本から引用するかも、エッセイの出来不出来に大きく関《かか》わってくる。本によっては、もともと引用できそうな箇所のない軽いものもよくある。そこから無理やり引用しても、残念ながらエッセイの出来はよろしくない。特によくあるのが、紋切り型の人生訓をちょっとひねっただけのような、空虚な精神論の部分を引用してしまうケースだ。

こういうとき、私ははっきり「これは当たり前すぎて深みがない」「こういう心の浅さを放置してはダメだ」と指導することにしている。もっと深い言葉に出会って自身を掘り下げてもらいたい一心からだ。そうすると、少しずつ読む本の質も変わってくるのである。

とはいえ、私のような口うるさい指導者が身近にいる人は少ないだろう。そこで鍵《かぎ》を握るのが、もう少しマイルドな〝導き手〟だ。**自分の心に火をつけ、燃やし続けてくれるような本に出会わせてくれる人**、という意味である。自分が読むべき本を一人で開拓できる人は、意外に少ない。「この本を読んだら次はこの本だね」とナビゲートしてくれる人がいたとしたら、ずいぶん道が開けてくる気がしないだろうか。

ポイントは、ナビゲーターとして誰を選択するかだ。まず信頼できる人物であることが前提条件だが、かならずしも知り合いや身近にいる先生を選ぶ必要はない。今やネットを開けば、有名無名を問わず、膨大な数の人がそれぞれにブログなどで本の紹介を行っている。それらをざっと読んでみると、その人の教養度や傾向も透けて見えてくる。その中から、自分に合いそうな人を選ぶのがもっとも手っとり早いのではないだろうか。

日本文学から始めよう

ただし、ものごとにはステップというものがある。誰かの紹介を見ていきなり難しい本にチャレンジしても、途中で投げ出してしまうのがオチだ。そこで、たとえば「日本文学」について、きわめてオーソドックスなステップを挙げてみよう。今までまったく読んでいなかった人が、「ちょっと試してみるか」と思い立った時点を想定する。

最初は敷居が低いほうがいい。その意味で、まずは星新一のショート・ショートあたりが最適だろう。そこから、次は太宰治や芥川龍之介のように、読みやすい上にしっかり文学になっている作品がよい。今なら村上春樹もここに当てはまる。

さらに大江健三郎や三島由紀夫となると、面白いがちょっと読みにくい。ある程度慣れたところでチャレンジするには、ちょうどいいだろう。

あるいは、時代をもっと遡《さかのぼ》る手もある。古くなるほど近寄りがたく感じるかもしれないが、夏目漱石なら大丈夫だ。漱石は近代日本の書き言葉をつくった中心人物であり、その日本語が今日に受け継がれてスタンダードになっている。だから、現代人でも比較的読みやすいのである。

とりわけ有名なのが、『三四郎』『それから』『門』の三部作だろう。まず『三四郎』については、大学進学のために田舎から東京に出てきた主人公が、さまざまな出会いの中で迷ったり、翻弄《ほんろう》されたりしながら成長していく物語だ。青春の息吹が感じられるような、さわやかで初々しい青春小説である。

また『それから』は、ぐっと落ち着いた恋愛小説だ。高学歴で経済的にも恵まれ、日々働くことなく優雅に過ごしている〝高等遊民〟の主人公が、今は人妻になっている、かつて思いを寄せていた女性ともう一度よりを戻そうとするストーリーだ。恋愛には、恵まれた環境をすべてかなぐり捨て、親や友人との関係も断ち切り、後先を考えずに突っ走らせてしまうほどの強い力があるという、漱石らしい作品である。

そして『門』は、設定こそ違うが、ほぼ『それから』の続編だ。社会で許されない形で結ばれた者どうしが、ひっそりと暮らす姿を描き出している。タイトルは、主人公が宗教に救いを求め、禅寺の門をくぐることに由来する。

この三部作は、人生の移り変わりを描いているという意味で、一つの流れになっている。どうせなら、この順番ですべて読むことをおすすめしたい。ちなみに私が読んだのは高校一年生のとき。地理の鈴木先生が「三学期は好きな本を読む時間にする」と奇特な宣言をされたので、これ幸いと読み耽《ふけ》った。余談ながら、同じく手に入りやすかったアンドレ・ジイドなどもよく読んだと記憶している。

映画の前に「原作」を読む

漱石にかぎらず、とりあえず同じ作家の本を何冊か読んでみる手もある。たとえば太宰治の小説をいくつか読むと、よく似たキャラクターの登場人物が複数の作品に登場することに気づく。そういう人物に出会うたびに、「太宰らしさとは何か」がわかってくるのである。これは単純に太宰の小説を読みやすくするだけではなく、愛着や共感も持てるようになる。

あるいは現代の小説でも、たとえば森見登美彦さんや町田康さん、江國香織さんの作品など、文学性もある程度確保しつつ読みやすいものは少なからずある。こういう作家から一人を選び、ある程度連続して読んでいくと、文体やリズムなどが摑めて読み慣れてくる。これによって読書の感覚を身につけ、次に古典方面に挑戦してみるというルートも考えられる。

あるいは映画を観て、その原作なり作者なりに興味を持つこともあるだろう。たとえば伊坂幸太郎さんの小説『ゴールデンスランバー』や『重力ピエロ』は映画化されているが、これをきっかけに伊坂さんの作品を立て続けに読んでみようと思う人もいるかもしれない。

そうすると、映画とはひと味違う楽しみ方ができる。たとえば『ゴールデンスランバー』の場合、映画の中で「痴漢は死ね」というメッセージが重要なキーワードとして登場する。なぜこういう言葉なのか、映画の中で特に説明はないが、小説ではしっかり描かれている。「こういうことだったのか」「文字の世界のほうがディテールが豊かだな」と発見するのも、映画の後に原作を読む醍醐《だいご》味の一つである。

ただし、これはあくまでも本を読み慣れていない人向けの方法だ。個人的には、映画を観る前に小説を読むことをおすすめしたい。先に映像を見てしまうと、文字を脳内で映像化する楽しみを奪われてしまうからだ。

読書の偉大な醍醐味は、所詮《しょせん》は活字の羅列にすぎないものが、頭の中でどんどん映像になり、声になることだ。その結果、仮にその本が映画化ないしアニメ化されたとして、起用された役者や声優を見て「イメージどおり」とか「これはないだろう」といった印象を持てるまでになる。あるいはその映画やアニメを観たとき、たいてい「本のほうが面白かった」という感想になる。多くの場合、それは映画やアニメの表現が稚拙だからではなく、自分の頭の中のイメージのほうが〝完成度〟が高いからである。

逆にいえば、本がもたらすイメージ喚起力は、私たちの頭を徹底的に鍛えてくれるということでもある。いわゆる「頭がいい人」とは、この力が強い人を指すといっても過言ではない。きわめて高度の人間的な能力だからだ。

映像を見て面白いと感じることは、特に訓練を積まなくてもできる。たとえそれが人間より知能の劣る地球外生物だったとしても、現実を映した優れた映像であれば理解できるだろうし、興味も持つかもしれない。しかし、文字を読んで頭の中で映像を展開させることは、おそらく人間しかできない特殊能力だ。

しかもその作業は、楽しみでもある。原作を読む前に映画を観てしまうと、それが奪われてしまうのではないだろうか。

芋づる式に「次の本」を探り当てよ

以上が「文学案内」の大雑把な基本線だが、もう少し幅を広げるなら「新潮文庫の100冊」あたりも参考になるだろう。古典から最近のものまで、それなりにクオリティの高い文庫がラインナップされているから、興味をそそられるものを片っ端から読んでみればよい。時間に余裕があるのなら、気合いを入れて全冊読破を試みる手もある。一冊読み終わるごとに、モチベーションが高まるだろう。

あるいは、読んだ一冊から次に読むべき本が見つかることもよくある。典型例でいえば、アマゾンなどである本を検索すると、「一緒に買われている本」や「同じ読者が買っている本」なども紹介してくれる。これらを眺めているだけで、なんとなく興味の幅が広がるはずだ。

それも、一冊から一冊へリレー的に見つかるというより、複数の本が同時多発的に見つかるケースのほうが多い。もちろん、そのすべてを読むことは不可能だろうが、あるテーマについて網羅的に知ることはできる。そして読む本が増えれば増えるほど、ねずみ算的に読むべき本も増えてくることになる。

これらの本が相互につながり合うと、**蜘蛛《くも》の巣ができるように、知識のネットワークも太く大きくなっていく**。教養もさることながら、こうなれば読書が楽しみで仕方がなくなるはずである。

ついでにいえば、本の値段は基本的に安い。ものにもよるが、古今東西の賢人たちの深い知識・見識を、数百円からせいぜい二〇〇〇〜三〇〇〇円で拝聴できるのである。さらにやや古い本なら、古本屋さんでもっと安く手に入れることも可能だ。これほどリーズナブルな投資は他にないと考えるのは、私だけだろうか。

なぜ天才たちの生き方を読むのか

「天才」の人生ほどヒントは多い

さまざまな世界で名を残した人、あるいは活躍中の人の自伝・評伝や語録などは、多くの人に好まれるジャンルの一つである。ただ、これらも単純に憧《あこが》れだけで読むのはもったいない。もう一歩踏み込んだ読み方をしてもいいだろう。

もともとこういう本は、何らかの知識を得るために読むものではないし、自分のイマジネーションを広げる楽しさがあるわけでもない。そのかわり、成功者や天才たちが持つ〝きらめき〟を感じ、自分の心をポジティブにしたり、その考え方を学んだりすることができる。

たとえば以前、私は「齋藤孝の天才伝」というシリーズ（大和書房）でシャネルを取り上げたことがある。個人的にファッションやふだんのおしゃれに興味があるわけではないが、シャネルという人物の輝きがずば抜けていたからだ。

シャネルが生み出したのは、女性が動きやすく、しかも美しく見えるスタイルだった。本人は「自分がスタイルを変えれば、パリ中の女も同じように変える」と豪語したといわれているが、たしかにそれが誇張ではないほど、ファッション界に革命的な変化をもたらしたのである。その系譜は今日まで続き、働く女性が着るスーツの基盤はシャネルスーツにあるといわれている。それまでの女性ファッションを根底からひっくり返したことで、「皆殺しの天使」という異名までとった。

では、そこまで世界を変えた人物の人生とは、どのようなものだったのか。**その輝きの原点には、「孤独」がある。**幼少時代を孤児院で過ごした経験が、その後の作品の世界観や自身の人生観に多大な影響を及ぼしたのである。先入観に囚《とら》われず、余計な装飾をバッサバッサと切り捨てていくような斬新《ざんしん》なファッションを生み出せたのも、そのためだ。

こういう生き方を見ると、ネガティブな事実もポジティブに転換できるし、さらには〝武器〟にもなるということがよくわかる。「自分などまだまだ恵まれているし、努力が足りない」とも思える。そんなモチベーションを得られるところが、自伝・評伝などの醍醐味である。

それも「天才」と呼ばれる人の人生ほど、私たちにとってヒントは豊富だ。たとえば、おそらく一〇〇年に一人、いやそれ以上の天才であろうピカソの場合も、その生涯はチャレンジの連続だった。しかもその熱中ぶりはすさまじく、一度筆を持つと身体があることを忘れたかのように立ち尽くして描き続けた。本人によれば、それは「戸口に肉体を置いてきている」感覚だったらしい。自然にエネルギーを最高度に発揮させ、それを表現に結実させていくスタイルを持っていたわけだ。

私たちはピカソにはなれないが、そのチャレンジ精神やモチベーションの高め方に関して参考になる点はきわめて多い。言い換えるなら、**人間がここまで爆発的なエネルギーを持ち得るということを、圧倒されつつも学ぶことができる**のである。

ついでにいえば、ピカソの作品は徹頭徹尾オリジナリティに溢《あふ》れていたわけではない。画家の藤田嗣治《つぐはる》が語ったところによると、ピカソは他人の作品を一時間ほど凝視すると、その本質をすべて取り込んで自作に活《い》かすことができたという。こういうワザを身につけたからこそ、天才たり得たわけだ。単に崇《あが》めるだけではなく、自伝・評伝などでこういう地道な部分に着目することも重要だろう。

〝異能の人〟と接するチャンス

あるいはエジソンについては、『エジソン―20世紀を発明した男』（ニール・ボールドウィン著／三田出版会）という名著がある。かなり厚いが、読む価値は十分だ。同じ系統の伝記としてはアインシュタインのものもいろいろあるが、おそらくエジソンのほうが親しみやすいだろう。まだ技術的にシンプルな時代だったからだ。

エジソンは徹底的によく働いたことで有名だ。一日二〇時間労働も厭《いと》わなかったとか、あまり自宅に帰らずに研究室の長椅子《いす》で寝ていたとか、食事もまともにとらなかったとか、ある問題が起きたときに「解決するまで寝るな」と仲間に厳命したとか、〝過労〟にまつわるエピソードにはこと欠かない。「天才」と呼ばれる人でも、それだけの苦悩や努力があることがよくわかるはずだ。

もしエジソンが、一日八時間・完全週休二日で働いて「成功しよう」と考えている人に会ったとしたら、きっと「言語道断」と一笑に付すだけだろう。自分などまだまだだ、と思えれば、それだけでも伝記などを読む価値はある。

一方で、豊かな才能を持ちながら生前に評価されなかった人も数多くいる。ゴッホなどはその典型だろう。そういう人物の伝記などを読むと、尊敬というよりは共感の情が湧《わ》いてくる。それも自身の心の支えになるはずだ。たとえば自分が今、社内での評価が低かったとしても、そんなことで悩む自分は小さいと思えるのではないだろうか。たとえば、『ゴッホの手紙』（岩波文庫）は、いつも私に勇気を与えてくれる。

こういう読み方があるとすれば、自分の好みの人物だけに限定する必要はない。およそ天才や成功者といわれている人の伝記などなら、どれでも学ぶべき点はあるはずだ。あるいは立志伝中の人物にしても、たいてい自伝や評伝、語録などが存在する。

何か自分に活かせる点はないか、という視点で読むのがコツである。

天才は気難しかったり、話の意味がよくわからなかったりするため、人として直接付き合うにはいささか面倒なことがある。その点、本なら大丈夫だ。寝転がって読もうが、そこに線を引こうが、何か書き込みをしようが、誰にも文句は言われない。古今東西を問わず、ちょっとでもアンテナに引っかかった人物がいれば、積極的に読むことをおすすめしたい。

自分の〝ロールモデル〟として取り込む

伝記等を読むことは、偉人たちの輝きを味方につけるということでもある。自分のロールモデルとして取り込む、と言い換えてもよい。

その最たる例が、坂本龍馬に対する武田鉄矢さんの敬愛だろう。周知のとおり、その心酔ぶりは並大抵ではない。『私塾・坂本竜馬』（小学館）という著書を出されているが、かつて自伝『母に捧《ささ》げるバラード』（集英社）でも、一〇代後半で龍馬に傾倒していく経緯を記しておられる。その出会いは司馬遼太郎の『竜馬がゆく』（文藝春秋）であり、自身の青春期を捧げてしまうほど大きなものだったらしい。

その傾倒ぶりは、もはやヒントやアイデアを吸収するといったレベルではない。龍馬に自身を重ね合わせ、アイデンティティを共有しているといっても過言ではないだろう。おそらく、少々のことがあっても「龍馬はわかってくれる」とか「龍馬ならどうしたか」と即座に思い浮かぶに違いない。

もちろん、坂本龍馬という人物に魅力があればこその話だが、同時に着目すべきは、一冊の本との出会いがここまで一人の人生に大きな影響を及ぼし得るということだ。『竜馬がゆく』は武田少年に大人への道を提示し、今なお武田さんの精神を支え続けている。考えてみれば、これは驚異的な話ではないだろうか。

こういう経験をお持ちのせいか、武田さんは本との出会いをきわめて大事にされる方でもある。以前、ＮＨＫの番組でご一緒させていただいたときのこと、武田さんが書き続けている「読書ノート」の話題になった。その方法がユニークで、スタンダードなスケッチブックの一ページに一冊分ずつ、引用や自身の意見をぎっしり書き込んでおられた。若いころからの習慣だそうで、スケッチブックはもう何十冊にもなっているという。だから常に話題が豊富で、しかも話の展開も上手なのかと合点がいったしだいである。

実際に番組の中では、いきなり登場したフェルメールの名画「真珠の耳飾りの少女」について、即興で解説をされていた。どんなテーマでもサッと蘊蓄《うんちく》を傾けることができる。これも教養の一つであり、さらにいえば龍馬との出会いがもたらした成果だろう。

だいたい読書というと、読んでも読みっぱなしにしてしまう人が多い。これでは、せっかく知識を仕入れても、「使える」レベルになる前に忘れ去ってしまうだけだ。

その点、「読書ノート」のようなものをつくり、しかも引用を多くしておけば記憶に残りやすい。特に凝ったものではなく、簡単なメモ書き程度でも十分だ。少なくともそのノートを見返せば、その本の内容をパッと思い出せるはずである。

それはちょうど、釣った魚の扱いに似ている。**せっかく釣っても捌《さば》かずに放っておけば、そのうち腐ってしまう**。しかし、きちんと捌いて冷凍保存しておけば、必要なときにいつでも食べられる。ほんのひと手間で後々まで楽しめるとすれば、やらない手はないだろう。

慣れてきたら、メモをするときに、角度のある視点を用意するのが望ましい。先の武田さんのノートでは、サッカーの戦術に関する本の感想に日露戦争の戦略との類似性が書かれていた。**共通点を探すことで角度が生まれる**。武田さんによると、サッカーに興味はないが、戦術という点で面白かったそうである。

「角度のある視点」を得ることも、読書を通して鍛えたい力の一つである。

「書評」を利用しない手はない

〝プロ〟がすすめる本なら、ハズレは少ない

各種の雑誌には、かならずといっていいほど「書評」のページがある。すべてを読み込むことはとてもできないが、その中でも比較的参考になるのは「ランキング」だ。

たとえば「週刊文春」（文藝春秋）は、毎年年末になると、国内ものと海外ものに分けて「ミステリーベスト10」という特集を組む。売れ行きのランキングではなく、ミステリーに詳しい文芸評論家など〝プロ〟の評価を集計している点がミソだ。

私はこれをおおいに信用し、毎年楽しみにしている。もともとミステリーは自分の専門のジャンルではないので、プロから「面白い」とお墨付きをもらった本を紹介さ

れると、きわめて助かるのである。実際、ほとんど〝ハズレ〟がない。

特に海外ものは全体的にレベルが高いので、ランキングされた一〇冊をすべて買い込み、年末年始の休暇を使ってじっくり読み込むのがここ数年の定番だ。すべてを読み切れなくても、それはそれで楽しみが後に残ることになる。良質なミステリーについては、むしろゆっくり読んだほうが楽しい。

それに、ふだん読まない本を読むという意味でも面白い。自分の趣味で選ぶわけではないので、きわめて新鮮な体験ができるし、そこから先に広がることも期待できる。

たとえば数年前、『チャイルド44』（トム・ロブ・スミス著／新潮文庫）という作品が第二位になったことがある。舞台はスターリン時代のソ連。まさに〝ミステリー〟の名にふさわしい恐怖の世界を描いているが、読了後には「読んでよかった」と思える秀逸な作品だ。

私はこの作家に興味を持ち、続いて『グラーグ57』（新潮文庫）という作品にも手を伸ばした。ランキングで紹介されなければ、けっして自分から手に取ることはなかっただろうし、したがって出会うこともなかったはずである。

あるいは「フロスト・シリーズ」（R・D・ウィングフィールド著／創元推理文庫）と呼ばれる作品群も、軒並み評価が高い。実際、読んでみると期待を裏切らないし、同じシリーズの別の本をつい読みたくなってくる。

ほかにも、『ラスト・チャイルド』（ジョン・ハート著／ハヤカワ・ミステリ文庫）、『音もなく少女は』（ボストン・テラン著／文春文庫）、『卵をめぐる祖父の戦争』（デイヴィッド・ベニオフ著／ハヤカワ・ポケット・ミステリ）など、面白さ抜群のものがたくさんある。ついまわりの人にすすめてしまっている。

ところが、周囲にいるいろいろな人に聞いてみても、海外もののミステリーを読んでいる人は意外に少ない。「ミステリーベスト10」の海外ものの上位三冊すら知っている学生が少ない。これは私にとって、むしろ不思議な気さえする。

娯楽として、おそらく誰が読んでも間違いなく面白いであろう本が紹介されているのに、つまり絶対に失敗しない本の選び方があるのに、なぜそれを活用しないのか。同じミステリーでも日本ものは比較的よく読まれているのに、なぜ同じ感覚で海外ものに食指を動かそうとしないのか。これは宝の山を見て見ぬふりをしているようなものので、実にもったいない話である。

新聞、雑誌の企画を侮るなかれ

あるいは朝日新聞は、少し前まで「ゼロ年代の50冊」という連載を続けていた。こちらもプロの書評家によるもので、二〇〇〇～〇九年までに刊行された本の中から、優れた五〇冊を選び出すという趣旨だった。

その中で一位に選ばれたのが、『銃・病原菌・鉄』（ジャレド・ダイアモンド著／草思社）。紹介されなければ手に取ることもなかっただろうが、これがさすがに知的で面白い。人類史を大きく捉《とら》えた快作で、目を見開かされる思いがする。読書の楽しみとはどういうものか、あらためてよくわかる一冊だ。

これにかぎらず、五〇冊もあれば選ぶのに困らない。膨大な本の中から厳選されているので、どれを買っても損はないだろう。

同じような企画は他にもある。たとえば月刊「みすず」（みすず書房）は毎年「1・2月号」で「読書アンケート」を実施している。各界の読書家と呼ばれる一〇〇人以上の方に、この一年間で読んだ本を最大五冊まで紹介してもらうというもので、読書好きの間ではたいへん好評を博している。いささか難しい本が多いが、知的好奇心を満たすには十分だろう。

特定の書評者に着目する手もある。たとえば『柴田元幸と9人の作家たち』（アルク）という対談集も出されている柴田元幸さんは、翻訳家としてだけではなく、英文学関係の解説者としても有名だ。そんな柴田さんが訳した本、ないしは「面白い」という本であれば、まず質的に間違いないだろう。

「週刊現代」（講談社）の連載「わが人生最高の10冊」も参考になる。各界の著名人や識者がタイトルどおりの本を紹介するもので、さすがにバラエティ豊かな本の存在を手軽に知ることができる。毎週読んでいると、「こんな本があるのか」と驚かされること必至だ。

「人生最高」と銘打つ以上、識者としてはいい加減な本を紹介すると沽券《こけん》が下がる。一方で編集上は、あまり専門的または難解な本ばかり並べられると、読者の興味を失う。おそらく、いい按配《あんばい》になるように調整しているのだろう。おかげで、けっこう読みやすい本もちりばめられている。

ただし、こういう〝プロ〟による推薦を参考にすることと、いわゆるベストセラーを選ぶことの間には雲泥の差がある。**私はもともと、ベストセラーというものを信用**

していない。ふだんあまり本を買わない人が買った結果にすぎないからだ。そういう人が、とても本選びに長《た》けているとは思えない。

実際のところ、よく売れた本にかぎって、三年もすれば誰にも見向きもされなくなる。人の話題にも上らないし、もしかすると読んだ本人も忘却の彼方《かなた》かもしれない。つまり、命が短いのである。

売れたからにはそれなりの理由があるはずだが、少なくとも「ベストセラー＝良書」という保証はまったくないと思ったほうがいいだろう。

ネット書店の「レビュー」は参考になるか

書評などに頼らず、書店内をぶらつきつつ面白そうな本を発見することも、読書の楽しみだろう。あるいは最近なら、ネットで簡単に買うこともできる。

だが私の経験からいえば、内容を確認せずに買う〝タイトル買い〟は危険だ。どれほど魅力的なタイトルがついていても、あるいは装丁が立派でも、衝撃的なほど中身のない本は少なからず存在するのである。

その点、けっこう参考になるのが、アマゾンなどにある「レビュー」だ。読者がそれぞれ感想を書き込んで点数（星）をつけたものだが、これがなかなか面白い。文面を読めば、どの程度読書をしている人か、知識を持っている人かがだいたいわかる。参考にしていいかどうか、区別がつくわけだ。

それに、ある程度の人数が集まれば信憑《しんぴょう》性は高まるし、その上で点数の高い本はきっと面白い。何らかの作為がないかぎり、ここに書き込む読者は相互に連絡を取り合っているわけではないからだ。逆に一様に点数が低ければ、相当にひどい本と見て間違いなさそうだ。

たとえば以前、古代ギリシャについて調べる必要が生じたときのこと。学者による専門書を中心に読み漁《あさ》っていたが、たまたま「古代ギリシャ」で検索したところ、芝崎みゆきさんの『古代ギリシアがんちく図鑑』（バジリコ）に行き着いた。専門書としては見つけられなかったが、『古代エジプトうんちく図鑑』（バジリコ）とともに、アマゾンなどのレビューで絶賛されていた。

実際に買ってみると、たしかにすばらしい本だった。ストーリー仕立てで、ご本人が絵も描き、書き文字で詳細な解説もされている。その豊かな情報量もさることながら、とにかく読んでいて楽しいのである。ベストセラーになってはいないが、読んだ人がいずれも満足しているという意味では、きわめて価値の高い本である。

なお、この話にはちょっとした後日談がある。たまたま見ていたＮＨＫ－ＢＳハイビジョンの「世界史発掘！　時空タイムス編集部」という番組で「古代マヤ文明」が特集されたとき、ゲストとして芝崎さんが出演されていた。番組自体もたいへん興味深かったが、芝崎さんは司会の平泉成さんの名前をマヤ文字で書いて称賛を浴びていた。「こういう世界が本当に好きな方なんだな」と、私もあらためて感嘆したしだいである。『古代ギリシアがんちく図鑑』に出会えたおかげで、私も興味の範囲を広げることができたのである。つくづく、いい時代になったものである。

読むべき本と読まなくてよい本

難解な本は「良書」ではない

一般に「良書」「悪書」という言い方をよく聞くが、私が人にすすめたいと思う「良書」には、単純な二つの前提条件がある。一つは読みやすいこと、そしてもう一つは意味の含有率が高いことだ。つまり「へぇ」とか「そうなのか」と思える部分が多ければ多いほど、その本には価値があることになる。

その観点でいえば、古典と呼ばれる本に「良書」はかならずしも多くない。意味の含有率が抜群でも、概して読みやすくないからだ。たとえば社会学者マックス・ヴェーバーの『プロテスタンティズムの倫理と資本主義の精神』にしても、歴史的な名著で私の学生時代の思い出の本ではあるが、中身は回りくどくて面倒くさい。末尾にヴエーバー自身による「要約」が載っているが、「これを先に書いてくれよ」と思う人も少なくないはずだ。同書のみならず、およそ古典には退屈な部分が含まれるものである。

ただし、古典か否かを問わず、海外の本の場合には翻訳の問題も大きい。あるいは日本人の作品でも、現代文の入試問題に出る程度の複雑な文章なら容認すべきだろう。平易な文章でありさえすればよい、というものではない。

とはいえ、私の読書経験に照らせば、だいたい文章が難解だからといって中身も濃いとはかならずしもいえない。**ものごとの本質をよくわかっている人ほど、スパッと言い切るから、結果的に文章もわかりやすくなる。**逆に曖昧《あいまい》な知識で〝理論武装〟しようとする人ほど、複雑怪奇な文章になってしまうのである。

たとえば、ベストセラーとなった藤原正彦先生の『国家の品格』（新潮新書）はその典型だ。ベストセラーがかならずしも良い本とはかぎらないが、この本は間違いなく「良書」である。中身について賛否はあるだろうが、むしろそういう議論を広く湧き起こすほど、主張がクリアな点がすばらしい。

しかも、藤原先生はこういう主張を思いつきや受け狙いで述べているのではなく、もう三〇年以上も昔からずっと語っておられた。その強い信念を凝縮させたのが、この本なのである。だから、非常に高度な内容でありながら、中学生でもわかるような文章で綴られているわけだ。

ちなみに同書によれば、俳句と数学はよく似ているという。俳句のような美の世界を愛する日本人は、数学にも強いはずだと説いておられる。あるいは国語こそが祖国であり、大事にしなければならないとの主張も明快だ。

こういう本を読むと、世界観が広がるし、人格的にもいい影響を及ぼすだろう。だから「良書」なのである。

「結論ありき」の本は読む価値がない

一方、「悪書」といっては失礼だが、あまり読む価値がないと思われる本の特徴も挙げてみよう。

最近は日本語すら覚束《おぼつか》ないような本も散見されるが、それらについては〝言わずもがな〟なので、ここではあえて言及しないことにする。それよりも首を傾《かし》げたくなるのは、最初から結論がわかっているような本だ。「泣きたい」「笑いたい」あるいは

「元気をもらいたい」といったニーズが先にあって、それに間違いなく応《こた》えてくれるような本を指す。つまり、意味の含有率がかぎりなくゼロに近いわけだ。

聞くところによると、たとえば携帯小説の中には、登場人物やストーリー展開のパターンがほぼ決まっているものもあるという。そういう書き方を指南する本まであるらしい。これはある意味で〝マーケティング〟の成果である。

たしかに、読者は最初から中身のわかっているものを〝なぞる〟だけだから、安心して読むことができる。安っぽい感動も得られるだろう。またそれを反復することで、精神の安定も得られるのかもしれない。

だが、**そこにあるのは自分自身への慰撫《いぶ》だけであって、視野を広げたり知性を深めたりすることはできない**。どうせ時間をかけて読むなら、もう少し感情を揺さぶられるような体験をしたほうがいいのではないだろうか。

たとえば、パターン化された安易な小説の対極にあるような小説に、カズオ・イシグロの『わたしを離さないで』(早川書房)がある。きわめて平穏に始まるこの作品は、しだいに読者の固定観念を突き崩し、衝撃的な展開を見せていく。そういう世界に引き込まれ、驚き、最後まで読んで大きな感動を得ることこそ、本来の読書の醍醐味だろう。

あるいは小説にかぎらず、「こういう考え方もあるのか」「こんな深い世界があるのか」「こういう表現方法があるのか」と知らしめてくれることに、本の価値がある。いわば自分の体験に深く入ってくるわけだ。それがない本は、仮に時間をかけて読んだとしても、すぐに忘れてしまうのではないだろうか。

第3章
教養ある大人になるための技法

日本語文化が危ない

亡びつつある日本語

かつて、水村美苗さんの著書『日本語が亡《ほろ》びるとき』（筑摩書房）が話題を呼んだ。

水村さんは、話し言葉としての日本語が消えると説いているわけではない。このインターネットの時代、世界共通語としての英語が圧倒的に優位な立場にあるため、良質な書き言葉の日本語の影が薄くなるのではないか、と危惧《きぐ》されているのである。

「〈叡知《えいち》を求める人〉が真剣に読み書きする〈書き言葉〉としての日本語はどうか。

（略）

漢文圏に属していたとき漢文から日本語を護《まも》ってくれた日本の地理的条件は、これから先、日本語を護ってはくれない。日本人は、日本語は『絶対、大丈夫』という信念を捨てなくてはならないときに来ている。」（同書）

この危機感は、私もおおいに共感するところである。また水村さんは、「日本は八世紀から〈自分たちの言葉〉の文学」を持ち、「非西洋圏のなかで、『日本近代文学の奇跡』というものさえあった」と解説。したがって、「日本の国語教育はまずは日本近代文学を読み継がせるのに主眼を置くべきである」と主張されている。それが文化であるというわけだ。

たしかに、**もし日本人の多くが樋口一葉も読めない、森鷗外も読めないとなると、それは日本語のもっとも優れた部分が消え去ることに等しい**。現実問題として、これらの優れた日本近代文学を読んでいる人は圧倒的に少数だ。

かつてなら、高校生のころに夏目漱石の『三四郎』『それから』『門』を読み、『こころ』を読み、さらに三島由紀夫や谷崎潤一郎などに手を伸ばすのが定番だった。だが今では、とてもそんなレベルにはない。有名な「新潮文庫の100冊」にしても、以前より現代作家による易しめの作品が増えている。やはり現代に合わせるようにすると、それなりに易しくならざるを得ないのかもしれない。

もちろん、今でも現代の作家たちによって数多くの作品が生み出され、その中には良い作品もある。だがそれらは、残念ながら日本の近代文学に比べれば、日本語としての豊かさ、品格はもの足りない。日本近代文学が読まれなくなるとすれば、「日本語の滅亡」も俄然《がぜん》現実味を帯びてくるのではないだろうか。

こういう言い方をすると、「すべての現代の作品が昔の作品より劣っているとはいえないのでは?」という反論もあり得る。しかし私に言わせれば、それは昔の作品をよく知らない人の言いぐさだ。

たしかに現代でもそれなりの作品はあるが、そもそも日本語が違う。そこにどれほどの差があるか、音読して比較してみればただちにわかる。今日の作品がなかなか到達できない高い峰のような作品群が、一九~二〇世紀中頃までの日本で数多く生まれているのである。

それを踏破せずに現代の作品だけを読んだり、ましてや本を読まずに過ごしたりすることは、精神の宝を捨て去るような暴挙に近い。その後に何が残るのかを考えると、もはや本末転倒な人生といっても過言ではないだろう。

日本は「読書立国」を目指せ

一方、世界的に叡知を求める人は英語に吸収されつつある。もともと英語の読者のほうが圧倒的に多い上、ネットの登場によって地域や時間の壁も崩れているからだ。日本生まれでイギリス在住の作家カズオ・イシグロに象徴されるように、世界的な文学者ほど英語で書く傾向があるし、今後もますます拍車がかかるだろう。

もちろん、この流れに対応すべく、日本ももっと本格的に英語教育に力を入れるべきであることは間違いない。しかし、それとはまったく違う次元で、日本語の再教育も欠かせない。

ふつうに日本で育ってきた日本人の場合、どれほど英語を勉強しても、日本語の読解力を上回ることはなかなか難しい。しかし、どんな言語でも読解力を圧倒的に習熟すれば、その後に何語で書かれた文章に出会っても、適切な訳があれば、理解できるのである。グローバル化云々《うんぬん》といわれて久しい昨今だが、まずは日本語を徹底的に読みこなすことが、そういう社会に対応する第一歩になり得るわけだ。

きちんと文脈をおさえて、適切な判断をする力こそがグローバルな力だ。そしてそれは、母国語の思考力レベルにかかっている。

だから私は、良書を読むことこそ、人生の中心に据えるべきではないかとさえ考えている。これが生活習慣の中に定着すれば、個々人の充足度・幸福度はもっと上がるはずである。

実はこれは、個人の問題に止《とど》まらない。こういう人が増えれば、総合的な国力を上げる土台になる。**一人一人が精神的に強く、読解力が高く、したがって知性でものごとを見きわめられるとすれば、その国が栄えないわけがない。**むしろ、これこそが豊かな国をつくるもっとも確実な道ではないだろうか。

読解力についていえば、冒頭に紹介したＯＥＣＤ（経済協力開発機構）によるＰＩＳＡ（学習到達度調査）で、日本は二〇〇三年調査が一四位、〇六年調査が一五位と低迷した。〇九年調査では八位まで上昇したが、これでもまだ「高い」とはいえない。

周知のとおり、日本は天然資源が乏しい上、人口減少・高齢化社会を迎えている。この難題を乗り越え、しかも世界的にみてきわめて高い今の生活水準を維持していくには、やはり世界最高峰の読解力を形成し、知恵を出していくしかない。だから、母国語である日本語の読み込みが欠かせないのである。日本は、あらためて「読書立国」を目指すべきではないだろうか。

漢字能力の低下はコミュニケーション力の低下を招く

もともと日本語は表現力豊かな言語だった。だからこそ、『万葉集』にあるような豊かな歌が数多く詠まれたのである。そこに描かれた恋愛その他の感情世界は、当時の人々も現代人もまったく変わらない。

そこに中国の漢字文化が加わることで、抽象概念も爆発的に獲得した。漢字の音読みと訓読みを併用し、熟語を活用することで、精神世界がビッグバンのように広がったのである。

思想的ないし精神的な概念を精緻《せいち》に表現して深めるには、文字としての漢字の威力はきわめて大きい。ここから平仮名が生まれ、『土佐日記』や『源氏物語』などのような仮名文学が誕生したのである。文字がなければ、あのような精神文化は生まれなかったはずである。

しかも、紫式部が『源氏物語』を書き上げることができた理由は、当時としては珍しく、幼いころから漢字・漢籍を男子のように身につけていたことにある。そこに天才的な感性を加え、女性ならではの世界をつくり上げたのである。源氏の像やその運命などは、女性の鋭い冷徹な目がなければ描けない。漢籍のような男性的な文化に女性の豊かな感性が混ざり合ったことで、いわば化学反応が起きたわけだ。実は『枕草子』の清少納言についても、まったく同じことがいえる。

そして現在、私たちは思考も会話も、すべて脳内で「漢字仮名交じり文」に変換して行っている。日本語は、そうしなければ聞き取れないのである。たとえば私が講演会などで「すべて平仮名で聞いている方はいますか？」「カタカナで聞いている方は？」と尋ねても、手を挙げる人は誰《だれ》一人としていない。

ほぼ全員が「漢字仮名交じり文で聞いている」に手を挙げる。自動的に漢字変換することに慣れているわけだ。それだけ日本語は、音声言語というより〝読み書き言語〟であるといえるだろう。

したがって、漢字変換力がなければ、知的な会話は成り立たない。世界には、たとえ文字の読み書きができなくても、日常生活に支障をきたさない言語が少なからずある。だが、日本語はそういかない。**相手の言葉を聞いて漢字が瞬時に思い浮かばなければ、一定水準以上の話はできない**だろう。これは、アルファベットにはない特殊性だ。

だとすれば、もし漢字の能力が低ければ、話し方も聞き方も鈍くならざるを得ない。ふだん日本語でコミュニケーションをしている以上、これはたいへんな事態である。

ではどうやって鍛えるかといえば、やはり読書が圧倒的に有効だ。日本語の場合、会話に登場する語彙《ごい》は比較的かぎられているが、書き言葉になると急に増えるという特徴がある。つまり**知性豊かな著者による本に記された語彙こそが、日本語の語彙の豊かさを示している**わけだ。そういう本を読み込んでいくことで、会話に登場する語彙も豊かさを増すのである。

荒廃しつつある「文学の森」

かつての小説家は大教養人でもあった

かつて、小説家は抜群な教養人でもあった。その典型が幸田露伴であり、たとえば『一国の首都』という論文では、東京をいかなる都市にすべきかという一大問題提起を行っている。漢学や日本文学についての素養、世間一般に関する知識の広さと深さは、まさに圧倒的だ。

あるいは夏目漱石も大エリートだったし、森鷗外も日本を代表する知性だった。だから「文豪」と呼ばれるのである。谷崎潤一郎の教養も人間業とは思えないほど深いし、比較的最近の三島由紀夫、川端康成、石川淳なども大教養人だった。その作品に触れると、「たった一人の人間がここまでモノを知っているのか」と目まいがするほどだ。とても太刀打《たち》ちできないということを思い知らされるのである。

現役で活躍しておられる大江健三郎さんも、幼いころに地元の図書館の本をすべて読破したそうである。こういう異常な読書量に裏打ちされているからこそ、広く長く読まれる小説を著すことができるのだろう。私も人にものを教える立場であり、教養を身につけるようずっと努力してきたつもりだが、それでもこれらの教養人にはかなわない。

海外に目を転じても、たとえばヴィクトル・ユーゴーにせよ、トルストイにせよ、たいへんな教養人だった。社会の問題や宗教の解釈について登場人物に滔々《とうとう》と語らせ、気が遠くなるほど深い認識を示すシーンがよくある。彼らは、単に文章が上手《うま》いとか、物語をつくるのが得意というわけではないのである。

それに比べ、昨今の作家の教養水準はどうだろう。世界文学をさして読んでいるわけでもなく、何かに造詣《ぞうけい》が深いわけでもなく、日本語の使い方すら覚束《おぼつか》ないような人の作品でも話題性のみを頼りに次々に世に送り出されている。

しかも、そういう本が何十万部も売れてしまったりする。だから出版社も気をよくして、新たな話題性を追求する。「小説を出版したければ、まずタレントになれ」という不文律があるかのようにも思える。そして結局、クオリティは下降の一途をたどるのである。ひと昔前なら、考えられない光景である。

誰もが「作家」を目指す時代

タレントのみならず、「作家志望」と語る人は少なくない。けっして悪いことではないが、私の感覚では、**一〇〇〇冊程度の本すら読んでいない人が作家になろうとすること自体、あり得ない**。最低でもそれぐらいは読まなければ、とても日本語に習熟したとはいえないからだ。誰でも作家になれることは、表面的には自由で民主主義的だが、やはり地盤沈下は避けられないのである。

誤解を恐れずにいえば、文学の世界における漱石や鷗外の一票と、「本はあまり読んでいないけど作家になりたい」という人の一票とは、同列に扱うべきではない。その本がほぼ同じような値段で売られ、認知度はむしろ後者のほうが高かったとしても、両者はまったく別物であると認識する必要がある。そういう〝格付け〟の意識を持つことも、教養の一つだろう。

それはちょうど、野球の世界において、日本球団の二軍選手とイチローとではまったく待遇も人気も違うことと同じだ。これを「差別」とは呼ばない。誰もがその実力差を認識しているからである。

あるいは芸能の世界において、どれほどAKB48の人気があるとしても、その音楽やダンスのレベルが最高水準にあるとは誰も思っていないだろう。ファンは彼女たちにそういうものを求めているわけではない。それはそれで問題はない。

ところが本の世界になると、このあたりの価値観をしっかり持っている人は少ないように思われる。さすがに孔子の『論語』やマキャヴェリの『君主論』、世阿弥《ぜあみ》の『風姿花伝』のようなクラスなら、読んでいるか否かは別として、歴史的な作品であることは認識しているだろう。だが、もう少しふつうの本になると、どれほどの価値を持っているかという判別がつかなくなる。だから、「自分でも書ける」と思ってしまうわけだ。

この点について、ある意味で警鐘を鳴らしているのが、『小説家になる!』（中条省平著／ちくま文庫）だ。小説を書くにはこれだけのことを勉強しなければならない、という具体的なメソッドを述べた一冊である。これを読むと、いかに小説を書くことがたいへんかがよくわかる。

おそらく著者の中条さんは、このタイトルとは裏腹に、「この程度のことさえわかっていないヤツが書くなよ」というメッセージを込めたのだろう。巷間《こうかん》にある「こうすれば誰でも簡単に書ける」的な本とは一線を画した、なかなか刺激的な本である。あるいは作家の山田詠美さんも、かつて芥川賞の選考評で「**小説を書くのは、世界文学などを読み込んでからにして**」と述べておられた。さすがに山田さんらしい、ごもっともな直言である。

本の「水準」に着目せよ

また前出の水村さんは、この状況を以下のように表現する。

「日本に帰り、日本語で小説を書きたいと思うようになってから、あるイメージがぼんやりと形をとるようになった。それは、日本に帰れば、雄々しく天をつく木が何本もそびえ立つ深い林があり、自分はその雄々しく天をつく木のどこかの根っこの方で、ひっそり小さく書いているというイメージである。(略)いざ書き始め、ふとあたりを見回せば、雄々しく天をつく木がそびえ立つような深い林はなかった。(略)

『荒れ果てた』などという詩的な形容はまったくふさわしくない、遊園地のように、すべてが小さくて騒々しい、ひたすら幼稚な光景であった。」（前掲『日本語が亡びるとき』より）

そして、「少なくとも日本文学が『文学』という名に値したころの日本語さえもっと読まれていたら」と、半ば絶望しつつ書いておられる。たしかに、小説家＝教養人という伝統が受け継がれていないから、いい加減な作品がはびこってしまうのだろう。

もちろん、今でも昔の「文学」を精読し、少しでも近づこうと努力している人もいるに違いない。しかし、そういう人は文化全体から見ればごく少数だ。誰もが安易に〝作品〟を発表でき、意外とそれが受け入れられている昨今、その特殊性は気づかれにくくなっている。

一部には「好みの問題では？」という見方もあるかもしれない。たしかに小説の場合、好き嫌いがあるのは当然だ。しかしそれ以前の問題として、水準というものがあるはずだ。**その深さ、表現力、洞察力などには明らかな優劣が存在する。**それが認識できないとなると、事態はかなり深刻である。

このまま凡庸な作品が台頭し続け、それを読むことに膨大な時間が費やされるとすれば、たいへんなエネルギーのムダ遣いだ。どうせ読むなら、もっと教養に溢《あふ》れる偉大な人物の本こそ選ぶべきだろう。

私はそれらを、誰もがくぐり抜けるべき「人生の必読書」であるとさえ思っている。それらの本から得られる日本語、知性、認識力といったものが、人生を豊かにすると確信しているからだ。むしろ、そういう認識を持たない人が多すぎることが、私には不思議でならない。

やや時代に逆行してでも、あらためてこういう本に光を当ててみるべきではないだろうか。

「物語」の源泉はすべて神話にある

ついでに、物語のあり方について触れておこう。たしかに今は、小難しい理屈を並べられるより、やさしい物語のほうが好まれる。しかし物語とは、実は焼き直しであればあるほど売れるのである。

たとえば映画やドラマのラブストーリーにしても、何度同じパターンが繰り返されたことだろう。どこかで聞いたことのあるセリフが出てきた時点で、「古い」と感じてしまうのは私だけではないはずだ。だが、そういう映画やドラマにかぎって、意外とヒットするのである。

これを逆手に取って大成功したのが、映画『ロッキー』のシリーズだ。生活に困った若きシルヴェスター・スタローンが、起死回生の〝賭《か》け〟として、かつてハリウッドで大ヒットした映画の要素を調べ上げて詰め込んだのがこの作品である。

実際、初めて観たときのデジャブ感は相当なものだった。結末も容易に想像できた。それでも最後まで楽しめたのだから、まさに〝**マーケティングの勝利**〟である。言い換えるなら、大衆が求める物語とは、基本パターンの上手なアレンジなのである。

その源流を探りたいなら、『神話の力』(ジョーゼフ・キャンベル、ビル・モイヤーズ著/ハヤカワ文庫NF)がおすすめだ。世の中に流布しているすべての物語の原形は神話にあり、私たちが見ているのはそのバリエーションにすぎないと説く。いわばデジャブとして見聞きしているわけだ。人類がなぜ物語、つまり神話を求めるのかまで言及した、知的好奇心を刺激して止《や》まない一冊だ。

見方を変えれば、神話を知ることで今日的な物語も描けることになる。これも、ある種の素養といえるだろう。その意味で、少なくともクリエイターと呼ばれる人(または呼ばれたい人)にとって、『神話の力』は必読書だ。実際、読んでいるか否かによって、作品の質は大きく変わるに違いない。

繰り返すが、問題は、こういう本の存在を知らなくても、ただなんとなく書けば出版までできてしまう現状だ。しかも場合によっては、クオリティが低いにもかかわらず、なぜかヒットしてしまいかねない。これは、本が本来目指すべき方向性とは、あまりにもかけ離れているのではないだろうか。

古典をどう読みこなすか

難解なら解説書からアプローチせよ

テレビのバラエティ番組が飽きられているように、私たちは〝軽さ〟だけの世界に耐えられない。ときには古今東西の重厚な人の言説も聞きたいし、人類の叡智や社会の深淵にも触れてみたい。それには、「古典」を繙《ひもと》くのがいちばんだ。

ただし、一口に「古典」といっても、すべてが現代人必読というわけではない。基本的に読みにくいし、古いだけあって賞味期限切れのようなものもある。たとえばマルクスの著書など、共産主義の今日の姿を見れば、その理論をそのまま適用して社会が良くなるとは考えにくいはずである。読み方に角度が必要になる。

古典を読むにはコツが必要だ。負担を軽くする二つの読み方を紹介しよう。

一つは、その原書や翻訳本に直接立ち向かうのではなく、**その価値や現代的意味について解説している本から読む**方法だ。たとえば哲学者カントの著作となると、さすがに難解で退屈である。しかし、カントの思想についてはマイケル・サンデル教授が『これからの「正義」の話をしよう』(早川書房)でも取り上げている。その読みやすさや、今日的なテーマから哲学を考えるスタイルが受け、大ベストセラーとなったことは周知のとおりだ。入門書としては最適だろう。

同じく哲学者ヘーゲルの著作についても、〝解読〟はなかなか困難だ。しかし、長く翻訳を手がけてこられた長谷川宏さんの著書『新しいヘーゲル』(講談社現代新書)を読めば、その全体像がグッと摑《つか》みやすくなる。ヘーゲルの著書からの引用を効果的に使っているため、その部分を理解するだけでも、なんとなく古典の世界に近づいた気分になれるはずだ。

あるいは中国の古典にしても、そのものを読むのは疲れるが、今やさまざまな角度から解説した文庫・新書などが山のようにある。安岡正篤、吉川幸次郎といった定評のある古典的解説書から、守屋洋さんの手によるものまですぐれた本がたくさんある。どれもわかりやすく解説されているので、中国古典の世界観を味わうには十分だ。

また、野村克也さんによる『野村の実践「論語」』（小学館）も話題を呼んだ。あの名監督が『論語』についてどう語るのか、それも野球と絡めて何を論じるのか、野村ファン・野球ファンならずとも興味をそそられるところである。

これらの親しみやすい解説本をきっかけとして、古典の世界にハマっていく人は少なくない。もう少し別の解説本を読み漁《あさ》るもよし、いよいよ原書にチャレンジするもよし。いずれにせよ古典は奥が深いから、一度ハマれば、かなり長期間にわたって楽しめることは間違いない。

「現代語訳」なら読みやすい

もう一つ、海外の古典の場合は、翻訳をどう選ぶかも重要だ。

古典はもともとの難解さもさることながら、翻訳の仕方によってもイメージが大きく変わる。翻訳によっては、三〇年以上前の翻訳のままで、言葉遣いが硬く、印字も小さく、書体も古めかしく、一般の人にはとてもとっつきにくいものも少なくない。

その点、たとえば難解なヘーゲルの本でも、前出の長谷川宏さんが訳されたものなら読みやすい。今風の日本語で書かれているからだ。あるいはドストエフスキーの『カラマーゾフの兄弟』にしても、近年に亀山郁夫先生が訳されたものは、周知のとおり爆発的なヒットとなった。亀山先生によれば、まさに一気に読めるような文章になることを目指されたそうである。

言い換えるなら、とっつきにくい古典であっても、読みやすい新訳になれば、多くの人が受け入れるということだ。もともと興味はあるのに、なんとなく敷居が高そうで敬遠していたのかもしれない。そんなイメージを払拭《ふっしょく》する役割を、新訳が果たしているといえるだろう。

そのせいか、最近は「古典新訳ブーム」も起きている。光文社が数年前から刊行し続けている「古典新訳文庫」のシリーズは、その象徴的な存在だ。「新訳」というだけあって、たとえばゴーゴリの『鼻』はほとんど落語家のような口調で訳されている。もともと『鼻』はユーモアを含んだ小説なので、この試みは的外れではない。むしろこういう工夫で一気に笑って読める本に仕上がっているとすれば、大成功といえるだろう。また文学だけではなく、カントやプラトンのような思想家の著作も加えている。最終的には、今の岩波文庫や新潮文庫に匹敵するラインナップになるかもしれない。

あるいは『源氏物語』にしても、昔から与謝野晶子、谷崎潤一郎、円地文子、橋本治さん、瀬戸内寂聴さんなど錚々《そうそう》たる方々が〝現代語訳〟に取り組んできた。そして最近では、林望さんによる『謹訳　源氏物語』（祥伝社）も話題を呼んでいる。古典と現代の感覚を混ぜ合わせたバランスのいい翻案で、私個人としては『源氏物語』の新しいスタンダードになるのではないかと期待している。

日本人に生まれた以上、『源氏物語』を読めた人生と読めなかった人生とでは、いささか厚みが違うような気がする。ほぼ忠実にマンガ化した『あさきゆめみし』（大和和紀著／講談社漫画文庫）もすばらしい作品だが、それを読むだけで『源氏物語』を読んだ気になっていたとしたら、いささか寂しい。

その点、『謹訳　源氏物語』はしっかり文学になっているし、読みやすい。今まで見向きもしなかったような人でも、この本ならスイスイ読めるだろう。これによって多くの人が源氏の世界に目覚め、最後まで読み通すとすれば、日本の教養レベルは驚異的に底上げされるだろう。

「現代の古典」にも注目してみよう

何百年も昔の有名な古典とは別に、それぞれの学問領域には「現代の古典」とでも呼ぶべきものがある。たとえば二〇世紀後半に書かれたものであっても、その本の登場が学問の分岐点になったり、その著者が学問領域に革命的な変化をもたらしたりする事例は少なくない。そういう著者の本を読んでみるのも面白いだろう。

その典型が、理論物理学者アインシュタインに関する本だ。専門書となるとさすがに読者はかぎられるが、その研究テーマについて、一般向けに書かれた本もけっこうある。たとえば私が推薦するなら、先にも紹介した、そのものズバリ『$E=mc^2$ ——世界一有名な方程式の「伝記」』というタイトルの本を挙げたい。このあまりにも有名な公式がどう生まれ、どう育ってきたかを綴《つづ》った、きわめて感動的な本である。

まずE（エネルギー）については、物理学者ファラデーがその概念に至るまでのプロセスや、フランス革命との関《かか》わり、当時の科学者をめぐる人間模様なども描かれている。またm（質量）とは何か、c（光の速度）の有限性はどのようにして確認されたのか等々、歴史を振り返りつつ記している。

そして決定的な発見は、エネルギーと質量をイコールで結んでしまったことだ。ふつうエネルギーといえば、熱を持っていたり、運動したりしているものだろう。常識的に考えれば、目の前にあるモノがエネルギーを持っているようには見えない。学問的にも、もともとエネルギーに関してはエネルギー保存の法則があり、質量に関しては質量保存の法則が存在し、それぞれ美しい体系で説明されていた。しかし、両者の世界は切り離されていた。

それを結びつけたのがアインシュタインである。おかげで、その後ほとんど時間をかけずに原子爆弾が開発された。わずかな質量から莫大《ばくだい》なエネルギーを取り出せることがわかったからだ。

つまり「$E=mc^2$」という公式と、広島・長崎に落とされた原爆とは直結しているわけだ。このわずか五文字が日本社会や世界の近現代史を大きく変えた、ともいえるだろう。おそるべき運命を背負った式である。

日本の歴史というと、一般に戦国時代や明治維新前後の人気が高い。それに比べて、「$E=mc^2$」の発見と日本との関わりを知る人はあまりいない。しかし、その後の日本人の心にまでもたらされたインパクトを考えれば、けっして看過できない重大な

〝事件〟だった。

東日本大震災の原子力発電所の大惨事もまた、この公式とつながっている。人類は開けてはいけない「パンドラの箱」を開けてしまったのかもしれない。同書は、そういう重い事実を私たちに突きつけてくるのである。

同書にかぎらず、最近は難しい理系の話を文系の人でも読めるようにした本が増えている。サイモン・シンの『宇宙創成』（新潮文庫）などはその典型例だ。これは文系を自認する人、数式を見るだけで嫌気がさしてしまうような人にとって大きな福音である。これらの本をきっかけにすれば、その世界の概略を摑んだり、歴史的に潮流が変わったポイントに触れたりできるかもしれない。それは、知的興奮以外の何物でもないはずだ。

第4章

読書力がいままでの10倍よくなる技法

「自問自考」のすすめ

「問い」を立てながら読んでいるか

問題は、解決するよりも発見するほうが難しい。

卑近な例を挙げるなら、駅や銀行の窓口、スーパーのレジなどで延々と待たされた経験は、誰《だれ》にでもあるだろう。それが一時的ならまだしも、慢性的なケースもよくある。この状況を見れば、人員を増やすなり、作業効率をアップさせるなり、システムを見直すなり、何らかの対策が打たれてしかるべきである。

ところが、現場にいる人にかぎって、そういうことに気づかない。「自分たちは仕事をしている」という意識に支配され、周囲を見渡す余裕がないのかもしれない。あるいは〝異常〟が常態化しているため、それが〝正常〟に見えている可能性もある。

要するに問題が発見できていないのである。

数学の世界にあるフェルマーの最終定理にしても、たしかにこれを証明して見せた数学者アンドリュー・ワイルズは偉大だが、もともとこういう定理を発見（予想）したフェルマーはもっと偉大だ。いわば数学界に大きな問いを投げかけ、世界中を楽しませてくれたわけである。

つまり、問いがあるから人は関心を持ち、何か答えを導き出そうとする。**どれほど優秀な頭脳があっても、問いがなければ何も始まらない**のである。

それをもっとも簡潔に表現したのが、対話形式で書かれた書籍、いわゆる「対話篇《へん》」である。哲学者プラトンの本の他、吉野源三郎のロングセラー『君たちはどう生きるか』（岩波文庫）などもこの形だ。単純に問いと回答が並ぶのではなく、回答を考えるプロセスの中で、また新たな問いが生まれるパターンになっている。それによって、全体像がしだいに明らかになるわけだ。

読書についても、同じことがいえる。問いを立てながら読む習慣をつけると、興味・関心の持続力を高められるし、それによってより内容を吸収しやすくなる。

そこで私の場合、文章の中に「〜か。」という問いかけが出てきたら、山カギ

〈　〉で括《くく》ることにしている。あるいは明確な形ではなくても、「なぜそうなるのか」「こう定義するからには理由があるはず」などと思える部分も、同じように括ることにしている。

そうすると、まずこの著者がどういう問題意識でこの本を書いているのかがクリアになってくる。それがわかれば、話の展開が見えやすくなるし、次にどういう問いが来るかも予想できるようになる。さらには、自分自身も問いを立てながら思考する癖がついてくる。「自問自答」ではなく、いわば「自問自考」である。

「問題発見能力」を徹底的に鍛える

こういう「問題発見能力」は、これからの社会でますます求められるだろう。たとえば以前、セブン&アイ・ホールディングスCEOの鈴木敏文さんから、コンビニは商品の並べ方によって売り上げが大きく変わるという話を伺った。そこで鈴木さんご自身、しばしば客としてコンビニを訪れ、どう店内を歩いて何が視界に入るかを確認されているそうである。そうすると、「ここに問題がある」「あそこもダメ」ということが即座にわかるという。まさに問題を発見しようと努めておられるわけだ。

あるいは日本電産社長の永守重信さんは、工場をひと回りしただけで、「ここにムダがある」といった問題点がいくつも見えてくるそうである。それは、「徹底的にムダを省こう」という問題意識を常に持っておられることが一つ。また今までの経験から、すばらしい工場がどういうものかを知っているため、その比較において問題点を浮き彫りにしていくのだという。

いずれにも共通しているのは、**経験の蓄積が問題発見の大きな力になっている**ことだ。マニュアルなどが存在しない世界だけに、こういう力のある人ほど、「できる人」といわれるはずである。

ただ私たちの場合、日常的な経験はそれなりに積んでいるはずだが、そう波瀾《はらん》万丈な日々を過ごしている人は少ないだろう。また自分の仕事や勉強のことはわかっても、その範囲外の話となると、たちまち見えなくなる。つまり**自分の経験だけで考えるなら、「経験値」は上がりにくい**わけだ。それだけ問題の発見も難しくなるだろう。

その点、本の中にはさまざまな人の経験が詰め込まれている。読書の大きなメリットの一つは、それによって他人の経験を自分の経験のように〝錯覚〟できることだ。読書自体が経験を増やすことになる、と考えてもいいだろう。

実際、今日のような情報化社会になってくると、リアルな経験と読書での経験との境目は、実は曖昧《あいまい》になりつつある。たとえば坂本龍馬に関する本をいろいろ読み込み、徹底的に惚《ほ》れ込んでいる人がいたとしよう。その人は、龍馬が襲われたことを自身の痛みとして感じているに違いない。さまざまな文献に目を通しているうちに、その精神も経験も同一化していくわけだ。

しかも、それが若いうちであればあるほど、価値も高まる。リアルな経験は、ある程度の年月をかけなければ積み上がらない。しかし本による経験なら、さほど時間はかからない。そしてこのスピードが速いほど、次のステップに行きやすくなるはずである。

たとえば、仕事上の成績がなかなか伸びなかったとしよう。どうにかしたいと思えば、がむしゃらにがんばって経験値を高めていくのも一つの方法だ。しかし、伸びない原因がどこにあるのかを特定できなければ、挽回《ばんかい》は難しい。それなら、業界や職種に関連する本を読み漁《あさ》ったほうが、何かヒントが見つかるのではないだろうか。

活字を目で追うだけが読書ではない

「素読」の良さを見直そう

少し前、私は『「座右の銘」が必ず見つかる寺子屋の人生訓451』（小学館）という本を上梓《じょうし》した。江戸時代の寺子屋で道徳教育に使われていた『金言童子教《どうじ》』に収録された、和漢の教訓句四五一について解説したものだ。

当時の子ども向けとはいえ、その中身は驚くほどレベルが高い。漢文の部分について、私の本では書き下し文で記したが、今の大人が読んでももたつくかもしれない。しかし当時は書き下し文ですらなく、返り点をつけた漢文だった。それを子どもたちは読んでいたのである。

それも黙読ではなく、教育の一環として声に出して素読していた。これはある種のトレーニングであり、**言葉を身体にしみ込ませることを目的としている**。先生が読んだ後で復唱するのが一般的なパターンで、日本語らしくスラスラ読めるレベルまで反復するのである。ついでにいえば、事前にその言葉の意味を説明した上で行ったほうが効果的だ。

　こういう教育は、頭にきわめていい影響を及ぼす。短期的には、まず漢字に強くなる。それは単に、漢字テストでいい点数が取れるという意味ではない。熟語は日本語の柱であり、漢文を学ぶことで質・量ともに高めることができる。それによって運用能力が増せば、日本語力そのものも高くなるのである。

　実際のところ、本にせよ仕事上で読む文書にせよ、内容が高度になればなるほど、漢字の熟語が多くなる。それだけ熟語の表現力が豊かということだ。そういう文章を読んだ瞬間に理解するには、相応の日本語力と論理的な思考力が欠かせない。それを訓練するのが素読なのである。

　また長期的に考えても、子どものうちに普遍的な人生訓を頭に叩《たた》き込んでおくことは、将来的に役に立つ。今はまだ意味がよくわからなかったとしても、大人になるにつれて、心の柱になり得る。さらに六〇~七〇代になったとき、こういうことだったのかと思い起こされることもあるだろう。これらの観点で考えれば、子どもの教育に素読がないほうが不思議である。

ところが昨今の小学校一～二年生の教科書は、ほとんど「日本むかし話」の世界だ。当時とは大きな落差があり、信じられないほど幼稚になっている。民間が請け負っていた寺子屋でさえ立派な教科書を使っていたのに、当時よりずっと頭の良さが求められる昨今、国の管理下でこの程度の教科書が使われていることが、私には残念でならない。ネガティブな意味で隔世の感がある。

ならば、自分たちで学ぶしかない。自分自身はもとより、家庭に子どもがいる方は、ぜひよい漢籍（漢文で書かれた書籍）の素読をおすすめしたい（書き下し文でも可）。たとえば『論語』などは、テキストとして最適だ。

また漢籍のみならず、日本語の古典にも古文特有の力がある。こちらも年齢を問わず、小さいうちから徹底的に素読を行わせたほうがよい。中学生や高校生になってから「勉強しろ」とハッパをかけるより、よほど効率的に学べるはずである。

子どもへの「読み聞かせ」はなぜ効果的なのか

同じく効果的な読書法に「読み聞かせ」がある。

これについては、『クシュラの奇跡』（ドロシー・バトラー著／のら書店）の話が有名だ。生まれつき障害のある女の子クシュラは、心を閉ざし、笑いもしない。だが両親はある種の覚悟を決め、生後すぐから徹底的に絵本を読み聞かせることにした。当初はずっと無反応だったが、それでもかまわず続けたという。すると、やがてクシュラは反応するようになり、笑うようになり、周囲のさまざまなものにも興味を示すように変わっていったのである。

もし両親による読み聞かせがなければ、クシュラはずっと一人だけの世界に閉じこもっていたかもしれない。絵本が彼女の視界と未来を広げたわけだ。

この事例でもわかるとおり、**子どもにとって読み聞かせは至福の時間になる**。素読とは違って訓練を要することもないし、古典などではなく主に絵本などやさしい物語が選ばれる。比較的楽な形でインプットが可能になるわけだ。

だから、親が読み聞かせを始めると、子どもの側《がわ》から「もっと読んで」とせがまれるようになる。実は私の子どももそうだった。ゼロ歳のときから絵本の読み聞かせを始めたところ、すっかり虜《とりこ》になってしまった。お気に入りの本を持ってきては、その角で親の頭を叩いて催促してくるほどだ。

その執着ぶりは並大抵ではない。同じ絵本を数回どころか、何十回も読まされた覚えがある。それを聞いて満足すると、今度はまた別の本を持ってきて催促する。反復する読書法は、子どもが成長するプロセスにおいて、たいへんいい刺激を与えるのである。

アニメと違い、絵本の絵は動かない。それを動かそうと思えば、親の話す言葉からイメージしていく必要がある。それが豊かな情緒を育《はぐく》むのである。情緒がその後の人生に欠かせないものであることは、大人なら誰でもわかるだろう。人間としての喜びや哀《かな》しみの感情をふつうに持つことは、自分を冷静に分析する上でも、他人を理解する上でも欠かせないはずである。

こういう教育を可能にするには、まず絵本を用意する必要がある。それも数冊のレベルではなく、五〇冊でも一〇〇冊でも、多ければ多いほどよい。図書館などに行って子どもの気に入った絵本がわかったら、それを買って自宅に置いておくこと。そして何度も読み聞かせて親子の時間にすることだ。毎日一時間ぐらいは、こういう時間がほしい。むしろ、これを子どもとのコミュニケーションの中心に据えるぐらいでよい。もちろん、これなら父親も容易に参加できるだろう。

さらには、子どもの発育状態をその絵本の余白にちょっとメモしておく手もある。絵本で子どもを育てると同時に、その絵本を発育アルバムにしていくわけである。

かつての日本には、寝る前におばあちゃんやおじいちゃんが孫に物語を話して聞かせる習慣があった。これが、子どものイマジネーションをおおいに豊かにしたことは間違いない。さすがに今は廃れているだろうが、そのかわりに読み聞かせの習慣化をおすすめしたい。それによって、日本は向学心に溢《あふ》れ、しかも他者理解もできる、情緒の安定した国になるはずである。

「朗読CD」の面白さ

これほど効果のある「読み聞かせ」を、幼児向けと決めつけてしまうのはもったいない。人の心を外に開かせてくれるという意味では、小学生以上、さらには大人にもおすすめしたい。

ノンフィクション作家の柳田邦男さんは、『大人が絵本に涙する時』（平凡社）で、大人こそ絵本を読もうと提唱されている。多くの絵本が紹介されているので、ぜひ参考にしていただきたい。

私の教え子には、中学・高校の国語の先生になった者が少なくない。彼らはときどき、授業で朗読を実践しているらしい。たとえば芥川龍之介などの短編を朗々と読み上げる、といった具合だ。

そうすると、ふだんはやかましい生徒たちが、しーんとなって聴き入るという。**耳から入る言葉は、頭の中で映像をイメージしやすいため、自然に集中してしまう**のだろう。まして先生の朗読が上手なら、よりその世界に引き込まれていくことになる。そういう授業なら、もはや教育というより楽しみになるはずだ。

私自身、いわゆる朗読ＣＤを日常的に愛用している。たとえば寝る前など、新潮社のＣＤブックの樋口一葉の『たけくらべ』、幸田露伴の『五重塔』、谷崎潤一郎の『春琴抄』等々の朗読を聴くと、スッとその世界に入ってしまう。さすがにプロが情感を込めて読んでくれるだけに、情景が浮かびやすいのである。もちろん、活字でも何度となく読んだ作品ばかりだが、また違った味わいがある。

だからというわけではないが、少し前、私は『あの声優が読むあの名作』（マガジンハウス）という本を監修した。夏目漱石、芥川龍之介、太宰治、川端康成、三島由紀夫といった日本を代表する作家による名作の名場面を、今をときめく四名の声優の方に朗読してもらうという画期的な一冊だ。たとえば、あの平野綾さんに『雪国』の有名な冒頭「国境の長いトンネルを抜けると～」を読んでもらう、といった具合である。

そこであらためて気づいたのは、現代の声優には現代風の新しさがあるということだ。従来のプロの朗読者とは声のトーンが違うし、幅広い人を惹《ひ》きつける吸引力のようなものもある。そういう声で読まれると、古い名作がきわめて新鮮に感じられるのである。

それはともかく、声から入ってイメージを湧《わ》かせるのも、いい本との出会い方の一つである。ふだん活字によく触れている人も、そうではない人も、プロによる読み聞かせの世界を一度は堪能《たんのう》してみていただきたい。

書棚をつくると記憶力は向上する

読んだ本を忘れない背表紙の効用

私のオフィスは、壁一面にボックス型書棚がそびえ立っている。それも正方形のブロックをいくつも積み上げたような、やや特殊な形だ。

こういうスタイルにしたのには、もちろん理由がある。それぞれのブロックに、テーマ別で本を割り振ることができるからだ。たとえば美術関連、フロイト関連、世界史関連、といった具合である。テーマによっては本の量が多いため、二ブロックを使っている。

また、一般的な書棚よりやや奥行きがある点もミソ。奥に単行本、手前に文庫本を置けば、見かけ以上に収納できるし、ある本が別の本の陰に隠れてしまうこともない。後にも述べるが、書棚はこういう本の〝見え方〟が意外に重要なのである。

これなら、まず整理がしやすい。買ったばかりの本でも、対応するブロックに放り込んでおけば済む。それに、捜しやすいというメリットもある。どんな本でも、どのブロックに入っているか、だいたいアタリがつくからだ。特に蔵書の多い人には、おすすめの方法である。

なお、テーマの分け方も難しく考える必要はない。たとえば本が好きな人なら、ある本で紹介されていた別の本を読み、その本で引用されていたまた別の本に手を伸ばす、という〝芋づる式〟の読書をすることがよくある。ならば、それらをまとめて一つのブロックに入れておく手もある。ある程度揃《そろ》えてみると、そこには一種独特の小宇宙が出来上がっているはずだ。

もっとも、本の整理の仕方は人それぞれで、好みや使い勝手に合わせて工夫すればよい。たとえば「新潮文庫」や「講談社学術文庫」「岩波新書」など、レーベル別で揃えて並べるという手もある。本の記憶をレーベルからたぐり寄せようとする人にとっては、なかなか便利なはずだ。

あるいは高校生のころまで、私はレーベルもジャンルも関係なく、とにかく読んだ順番に書棚へ並べることにしていた。そうすると、一見するとバラバラの本が並んでいるようでも、自分にとっては興味・関心のプロセスの記録が表されることになる。いわば〝自分史〟として見ることができるわけだ。まだ手元にある本が少ない人なら、これも面白いだろう。

要するに**書棚とは、自分の記憶装置のようなもの**である。背表紙をざっと眺めるだけで、その中身や、関連する話題や、あるいは読んでいた当時の自分自身のことも思い出せる。だからどんな並べ方をするにせよ、常に背表紙が目に入るようにしておくことが大前提なのである。

本にあって電子書籍にないものは

ところが、昨今話題の電子書籍となると、そうはいかない。

たしかに、書棚にある本をすべて電子化すれば、部屋の中は一気に片づくだろう。特に私のような蔵書の多い人にとっては、置くスペースを考えずにどんどん買えるというメリットもある。専門の端末も数種類発売され、市場の拡大が期待されている。検索機能や書き込み機能もあり、使い方によっては、読書生活の頼りになる味方といえる。多くの大学の先生や研究者には、電子書籍の普及は福音に違いない。すでに私自身、電子辞書は手放せないし、電子書籍の進化を望んでいる。

しかし、仮に従来から電子書籍が普及し、蔵書のすべてを一台の端末に収録して書棚を部屋から退場させていたとしたら、どうなっていただろうか。

少なくとも私の場合、今の自分ではいられなかった気がする。日常的に背表紙が目に入らない分、どれほど本を読んでも記憶が定着しなかったと思われるからだ。この差は、バカにできない。

だいたい**電子書籍は、きわめて謙虚な存在**だ。仮に一万冊が入っていたとしても、利用者が呼び出すまでは出てこない。いわば忠実な召し使いのようなものである。

それに対し、リアルに存在する本は、お世辞にも謙虚とはいえない。その厚くて重い図体《ずうたい》で、部屋を狭くして存在感をアピールしてくる。まして読んでいない本であれば、「早く読め!」というプレッシャーすら与えてくる。

逆によく読み込んだ本や、書き込みをしたり端を折ったりしているような本は、もはや単なるモノではない。もっとずっと近い〝友人〟のような関係になる。電子書籍はこれからも進化し、さまざまな高機能が搭載されてくるだろうが、これほど一冊一冊と近しい関係をつくることは難しいのではないだろうか。

もちろん、これは〝慣れ〟の問題でもある。優秀な人なら、電子書籍を活用してより多くの知識を効率よく吸収し、もっと優秀になれるかもしれない。一方で、私はリアルな本に馴染《なじ》んで読解力を鍛えてきたため、紙の本の良さも忘れられない。

大切なのは、とにかく本を読む時間を確保することだ。紙と電子の両媒体をうまく使い分けて、機動力・吸収力を高めたい。

「蔵書一〇〇〇冊」を目指そう

最近は、自宅に書棚を持たない人がいる。特に一人暮らしの大学生に、この傾向がある。私にとっては考えられないことで、これはたいへん深刻な事態だと認識している。

ちなみに私の基準でいえば、たった数冊の本が並んでいるカラーボックスを「書棚」とは呼ばない。**本のある生活とは、最低でも三〇〇冊、できれば一〇〇〇冊程度の蔵書に囲まれた状態を指す**。少なくとも学生なら、これぐらいは必須《ひっす》条件だ。

ただでさえ狭い部屋がますます狭くなる、という反論もあるだろう。だがそれは、本を読まない言い訳にすぎない。たとえば前述したボックス型書棚の場合、一つのボックスに四〇~五〇冊は収納可能だ。文庫や新書だけとなれば、もっと入るだろう。ということは、これが二〇個程度あれば一〇〇〇冊分になる。一〇〇〇冊の背表紙を眺めながらの日常は、きわめてクリエイティブでもある。

ところが、妙に本代をケチる学生もいる。たとえば、私が課題図書としてある文庫を指定しても、買わずに図書館で借りて済ませようとする者が多いのである。すでに絶版になっているような貴重な文献などなら、図書館を利用するしかないだろう。しかし文庫なら、書店で見つからないことはまずないし、比較的安価で買えるはずだ。あるいは古本屋さんで探せば、一冊一〇〇円程度で手に入ることもある。

それを買わないとなると、本人は得した気分になるかもしれないが、実は読書時間をムダにしていることに等しい。**線を引いたり折ったりするからこそ、本は自分だけの一生の宝になる**。それに、ずっと手元に置いておくからこそ、たまに背表紙が目に入るたびに思い出せる。それによって記憶が定着していくのである。それを返却してしまえば、忘れてしまうだけだ。言い換えるなら、読後に手元に置いておきたいと思わないような読書は、読書とはいえないのである。

もちろん、金銭的に本当に余裕がないのなら、それなりの対処が必要だ。しかし私の知るかぎり、そこまで逼迫《ひっぱく》している学生は少ない。彼らはほぼ全員がケータイを持ち、パソコンを持ち、インターネットも常時利用している。その方面に使うお金がそれほどあるのなら、もっと本に振り向けてしかるべきである。「もっと優先順位を考えよ」「まず本代を確保せよ」とは、私が常に学生に向けて発しているメッセージだ。

仮に一万円を持って古本屋さんの一〇〇円コーナーをめぐれば、一〇〇冊も手に入る。それによって得られる知識の厚みや至福の時間、あるいは生涯の友は、これ以上ないほどコストパフォーマンスのよいものだ。

「一日一冊」本を読む
いちばん簡単な方法

速く読めればいいってもんじゃない

私の場合、だいたい一晩に一冊以上のペースで読むことにしている。ただし、「そろそろ寝ようかな」と思ってからページを開くのが習慣だ。当然ながら、あまり夜更かしするわけにもいかないので、時間はかぎられる。それでも読み終えるので、職業柄とはいえ相当に速いはずだ。

かといって、軽く読み飛ばしているという感覚でもない。たとえば小説の場合、面白かった場面を人に軽く話したりするだけで、ものすごく自分に馴染んだ気がしてくる。

ついでにいえば、会話の部分は活字としてではなく、音として脳に入ってくる感覚がある。音読をしているわけではないが、役者なり声優なりが感情を込めて語っているように思えるのである。もちろん、ふつうの本や書類に目を通しているときは、こうはならない。小説の会話部分を読んでいるときだけの〝特典〟だ。おそらく、それだけ小説の世界に没入しているということだろう。

ただし、超高速で読もうと思うと、こういう特典はかえって邪魔になる。文字情報は音で聞くより目で追うほうが速いからだ。内容理解が主の場合、たとえば新書などなら、一〇〜二〇分で読んで要約することも可能だ。

だが小説の場合、そういう読み方ではあまり意味がない。その文学的な世界観に浸り、いわば疑似体験をするからこそ面白いのである。あまりにも読み飛ばしてしまうと、その体験の度合いも薄くなってしまうだろう。このあたりは、注意が必要だ。

ポイントは、本によって速度を変えて読むこと。いわば、ギアチェンジの感覚を持つことだ。私の場合は、かなりギアを変えている。一〇分で一冊の場合もあれば、一〇時間以上かける場合もある。哲学書などの場合、期間として年単位のこともある。

目的や難易度に応じて、柔軟に対応するのがいい。

難解な部分は「飛ばし読み」も可

小説ならまだしも、一般書の中には難解なものも少なくない。それも、価値のある本ほど読みにくい、ということは往々にしてある。読みはじめるべきか否か、躊躇《ちゅうちょ》することもあるだろう。そんなときは、迷わず読むことを選択していただきたい。時間がかかることを覚悟して、生活のリズムに取り入れて持続させたほうがよい。

とはいえ、難解な本は味わい方がわからなければ、やがて耐えられなくなるだろう。そこで、読みはじめる前に、難解さの〝質〟について整理することをおすすめしたい。まずは訳が悪くて難解なのか、それとも根本的に内容が難しすぎるのか、分けて考えてみることだ。

前者の場合なら、その本は諦《あきら》めて、他の訳を探してみることだ。また後者なら、事前に解説書や親切な注釈付きの訳書を読んでみる手がある。多少でも予備知識があることで、難解な本でも「そういうことか」と理解が進むことはよくある。

その上で、その難解さが納得できるレベルか否か、それが自分の知識量によるものかを判断する。もちろん、わからない部分があっても、あまりコンプレックスを感じる必要はない。それよりも流して読むことを優先すべきである。

実は偉大な賢人の本であっても、内容が混乱しているケースもないわけではない。ヘーゲルの著書の翻訳で有名な前出の長谷川宏さんによると、ヘーゲルも思考を混乱させたまま書いている部分があるという。そういう部分が残っているから、輪をかけて難解になるわけだ。**意味が読み取れなかったとしても、それは読者の責任ではない。**

だから、よくわからない部分に遭遇したら、いっそ飛ばして読んでしまってもよい。先にわかる部分を読んでみると、難解な部分が何を言わんとしていたのか、おぼろげながら見えてくることもある。

あえて「読書タイム」の設定を

ここ最近、いわゆるスマートフォンが急速に浸透してきた感がある。いろいろアプリケーションが充実しているので、つい時間を費やしてしまう。

だが当然ながら、こういう軽く楽しめるものが、かならずしも自分を伸ばしてくれるわけではない。成長するには、やはりある程度の負荷がかかるものに耐える必要が

りもできる。ところが、テレビのニュースなら同じことを伝えるのに三〇秒で済むかもしれない。となれば、二～三時間の授業時間内に深く考えることはできないだろう。思想を学んだり、賢人たちの思想を学んだり

ある。その点、読書は文字から映像を思い起こしたり、賢人たちの思想を学んだり等々、相応のトレーニング効果がある。それはちょうど、ただ平坦《へいたん》な道を手ぶらで歩くか、坂道を重荷を背負って歩くかの違いだ。

スマートフォンは便利で楽しいが、自分の時間の多くがそこに注がれてしまうのは、いかにももったいない。意図的に本を読む時間を確保したほうがいいだろう。たとえば、夜一〇時半から寝るまでは読書の時間にする、といった具合である。携帯やネットは一〇時半に閉じる、と決めてかかる手もある。最近は夜更かしの人が多いから、それでも二～三時間は確保できるだろう。

私の場合は前述のとおり、「そろそろ寝ようかな」と思ってからの一時間程度を、プライベートの読書に充てている。テレビもけっこう見るほうだが、深夜番組の多くはじっくり見ていても仕方がない。テレビにチラチラと目線を送りながら基本的には活字を追うのが、ふだんのスタイルだ。

寝る前にこういう時間を持つと、一日をきわめて有意義に過ごしたように思えてくる。まして面白い小説などであれば、「いい世界に浸ったな」という満足感も得られる。その日のうちに読み切れなければ、翌日の夜まで楽しみが持続することにもな

る。私にとって「豊かな生活」とは、こうして本とともに一日を終える日々を指すのである。

移動中、入浴中……、「どこでも読書」

もちろん、読書の時間は寝る前だけとはかぎらない。以前読んだあるインタビュー記事によると、作家の江國香織さんは入浴中を読書タイムに充てているという。その間、実に二時間。驚いて周囲の人に尋ねたところ、一時間近くを風呂《ふろ》に費やす女性は、さほど珍しくないようだ。ならば本でも雑誌でも持ち込まなければ、とても間が持たないだろう。

さすがに二時間は無理だが、私も「風呂で一冊」を実践したことがある。「週刊現代」の連載「わが人生最高の10冊」で紹介されていた『インド夜想曲』（アントニオ・タブッキ著／白水社）に興味を持ち、「これは風呂向き」と解釈して持ち込んでみたのである。トータル二〇〇ページに満たない短編集だから、湯船に浸《つ》かって読むにはちょうどよかった。

ただし、試してみて気づいたことがいくつかある。胸のあたりまで浸かっていたが、長時間入っていると肩が冷える。タオルなどをかけたほうがいいだろう。またよくいわれるとおり、水分補給も欠かせない。これらの点に気をつければ、それなりにいい読書時間になる。一冊読み終えることも十分に可能だ。

あるいは個人的におすすめなのは、もっと喫茶店を有効利用することだ。たとえば平日の昼間、食事の後や移動中の隙間《すきま》時間など、ほんの一五分でも二〇分でもあれば、近くの喫茶店（またはもっと安いコーヒーショップ）に飛び込むことをおすすめしたい。

そこでケータイを取り出すとあっという間に時間が過ぎてしまうので、最初から「喫茶店では本を読む」と決めておいたほうがよい。そうすると、短時間でも意外と集中して読めるものである。もちろん時間が許すなら、一時間ぐらいは読み耽《ふけ》ってもいいだろう。これでかなり読書が進むはずである。

特に有効なのは、本を買った直後に立ち寄ることだ。**およそ読書のモチベーションというものは、買った直後がもっとも高い**。その前向きな姿勢を、ムダにする手はないだろう。むしろ買ったまま放置してしまうと、そのまま部屋の隅で忘れられた存在になるおそれがある。

たとえば三〜四冊買ったとしたら、まず一冊につき一〇分ぐらいずつ目を通し、内容を人に説明できるような状態にしておく。小説以外の本なら、これは可能だろう。そしてここまで一冊と関《かか》わったら、もう読まずにはいられなくなるはずだ。いわばスタートダッシュをかけるわけである。

とにもかくにも重要なのは、まず日常の中で本を読む習慣をつけることだ。何も読まずに一日を過ごすことは、知的なトレーニングをサボることに等しい。脳は鈍るし、場合によっては退化する。それぐらいに考えても差し支えないだろう。

「アウトプット」で本は血となり肉となる

説明できないなら、知識は身についていない

一言で「読む」といっても、そこにはいくつかの基準がある。ざっと目を通しただけで「読んだ」とすることもあれば、一言一句記憶するほど読み耽ることもある。問題は、そこから何をどれだけ吸収したかだ。

その一つのバロメーターになるのが、「その内容を人に説明できるか」である。たとえば一冊の本について、大学の講義のように一時間以上かけて解説できるとすれば、吸収度はきわめて高いといえるだろう。

しかし、そこまで読むには相応の時間がかかるし、大学の先生でもないかぎり、その成果を発表できる機会も滅多にないはずだ。そこでもう少し設定を軽くして、「内

容を一～二分程度で説明できるか」にしてみればよい。とりあえず要旨をざっくり語れるようにするわけだ。

最近読んだ本でぜひ試していただきたいが、これがなかなか難しい。一生懸命読んだつもりでも、うまく説明できないことはよくある。記憶が飛んでいたり、そもそも説明能力が不足していたりするからだ。残念ながら、これでは「読んだ」とは認定できない。

中身は頭の中に沈澱しているだけかもしれないが、何かの拍子にそこから取り出すことができなければ、読まずに書棚の奥底にしまい込むこととさして変わらない。これでは、読んだ時間と労力がもったいない。ならばむしろ、最初から一～二分でアウトプットすることを前提として読みはじめたほうがいいだろう。

さらには、説明する相手を最初から想定して読む手もある。「〇〇にこの話を教えてあげよう」「〇〇ならこの話に共感してくれるに違いない」「この部分を読めと〇〇にすすめよう」といった具合だ。具体的な状況が思い浮かぶだけに、ますますモチベーションが上がるのではないだろうか。私などは、笑える箇所にオリジナルの「爆笑マーク」を書き込み、「この部分だけ読んでみて」と人にすすめることもある。

あるいは周囲に適当な人がいなかったとしても、アウトプットは可能だ。ブログを立ち上げたり、ツイッターにちょっと書き込んだりすれば済む。ミクシィやフェイスブックのようなある程度閉じたネットワーク環境なら、もっとやりやすいかもしれない。その中でお互いに本を紹介し合ったりすれば、刺激にもなるし精神を高め合うことにもなる。こういうことが簡単にできるという意味では、実にいい時代になったものである。

「視点＋引用」で会話に彩りを

この「アウトプット読み」をより有効にするには、二つのポイントがある。第一に、全体を俯瞰《ふかん》的に述べるのではなく、自分がその本のどこに興味を持ったのか、強く印象に残ったのは何かなど、あくまでも**自分の感性や経験を主体として語る**こと。あらすじや単なる内容紹介なら、各出版社が出している目録やネット情報を見ればこと足りる。どうせ自分で語るのなら、自分なりのプラスアルファが欲しいところである。またこういうアウトプットを心がければ、記憶にも定着しやすい。

そして第二に、なるべく**本の一部を引用しながら説明する**ことだ。これも頭に入れておけば、読んだ記憶や印象が甦《よみがえ》りやすくなる。いわば読んだ〝証《あかし》〟になるわけだ。

見方を変えれば、これはある種の速読術でもある。本にもよるが、かならずしも全体をまんべんなく読む必要がない場合もある。そういうとき、ざっとページをめくりながら、自分が反応できない部分は飛ばしてしまえばよい。一方で面白そうだと思える部分に出会ったら、少し速度を遅くして読むのである。

こういう濃淡をつけた読み方を繰り返していると、しだいに面白そうな部分とそうではない部分の区別が直感的にできるようになってくる。これによって、ますますスピードが上がるわけだ。当然ながら、本を読むモチベーションも上がりやすくなるだろう。

「読書会」のすすめ

どうせなら、「アウトプット読み」をせざるを得ない状況に自分を追い込んでみるのも面白い。「機会を見つけて人に話す」「ブログに書く」だけでは弱いので、いっそ「読書会」を開いてみてはいかがだろう。

時代遅れなイメージを持つかもしれないが、少なくとも私は三〇歳を過ぎるまで、二〜三人の友人と頻繁に開いていた。また私のかつての教え子の中にも、定期的に開いている者がいる。もちろん、「修行」とか「鍛練」などといった堅苦しい目的のためではない。単純に楽しいからだ。

たとえば同じ映画を観た後、仲間内でああだこうだと感想や意見を言い合うことはよくある。あるいは好きなミュージシャンやスポーツ選手について、評論したり情報を交換したりすることも茶飯事《さはんじ》だ。いわゆる「オフ会」や大学の同好会などの多くは、そういう場を設けるために存在する。その〝本バージョン〟があっても不思議ではないだろう。

人数は二〜三人でもかまわない。それぞれ俎上《そじょう》に載せる一冊を事前に提示し、当日までに全員が読んでおく。基本的なルールはこれだけだ。当日はお互いに前述のようなアウトプットを繰り出せばよい。

これによるメリットはいくつもある。まず当然ながら、本を読む目に力が籠《こ》もる。相手も読んでいる以上、いい加減なインプット・アウトプットでは恥をかく。かといって精緻《せいち》な正確さを求められたり、不特定多数を相手に発表する場でもないため、大胆な解釈や発言も許される。**この適度の緊張感が、向上心と集中力を高める**のである。

それに、ふだん自分が読まないジャンルの本も紹介してもらえる。お互いに、あまりにも難解な本やレベルの低い本を提示しようとは思わないはずだ。結果として、良書が選択される可能性が高い。視野を広げる絶好のチャンスだろう。

さらに、もちろん一冊に対する理解を深めることもできる。相手のコメントを聞いていると、「そういう見方もできるのか」と驚かされることがしばしばある。その視点で読み返してみるもよし、反論を試みるもよし。自分が気づかなかった角度から光を当てられることは、知的興奮をもたらしてくれるはずだ。これが、「読書会」の最大の楽しみといえるだろう。

そしてもう一つ、相手との距離をグッと縮めることにもなる。どういう本を紹介してくれるかによって、相手の興味・関心の範囲がわかる。また自分も本を提示することで、相手に伝えることができる。「ならばこういう本が合っているかもしれない」と相手を思いやって紹介することもできる。これは、なかなか高度なコミュニケーション手段になり得るのではないだろうか。

「マッピング・コミュニケーション」を活用しよう

そこで、こういう「読書会」の場をもっと濃密にする方法を紹介しておこう。「マッピング・コミュニケーション」がそれだ。

日常の会話についてもいえることだが、話し言葉は聞き流されやすく、概して記憶にも定着しにくい。話題がどんどん妙な方向にズレていくこともよくある。それが会話のいいところでもあるが、せっかく一冊の本というテーマが定まっているのなら、なるべくそこに〝錨《いかり》〟を下ろし、後々の記憶にも残るようにしたほうが有意義だ。そのためには、口と同時に手を動かすことである。

用意するのは、B4ぐらいのコピー用紙とボールペン（三色ボールペンが望ましい）。単に口頭でコメントを述べるだけではなく、**キーワードやキーフレーズなどをどんどん書き込んでいく**のである。内容に関する基本情報を「青」、重要なメッセージ等を「赤」、個人的に興味を持った言葉や自分の意見等を「緑」などと決めておけば、たとえ走り書きでも見やすくなるだろう。たとえば小説なら、登場人物の相関図を「青」で書き、その人物のキャラクターや抱えている問題やイベント等を「赤」で書き、それに対する意見やコメントを「緑」で書く、といった具合だ。

もちろん、書き込むのは一人ではない。たとえば相手があるキーワードを書き込んだとき、それに同調するなら「赤」でグルグルと囲むとか、異議があるなら対立項として自分なりのキーワードを書き込むとか、その言葉からインスピレーションを得て別のキーワードを提示してみるとか、さまざまな展開が考えられる。それぞれを線で結んだり、矢印で新たな議論へ誘導したり、概念を図化して明確にするといった工夫も可能だ。

これによって、まず話の一つひとつにムダがなくなる。すべての発言が有機的に結びつくような充実感を味わえるはずだ。そしてもちろん、本に対する理解が深まると同時に、相手の考え方や嗜好《しこう》も手に取るようにわかる。

俗に「腹を割って話す」という言い方があるが、そこまで覚悟を決めなくても、**一冊の本を仲介にするだけで、お互いにわかり合うことは十分に可能**なのである。それが大きな喜びにつながることは、いうまでもない。

ゴチャゴチャと書き込まれたB４の紙は、その場にいた全員による、新たな〝作品〟のようなものである。コピーして各自持ち帰ることをおすすめしたい。

第5章

あっという間に本一冊が頭に入る技法

ただ活字を目で追うだけが読書ではない。少し意識することで、読み方の質を変えることができる。以下に、その方法をいくつか紹介しよう。

「変換読み」で自分に引きつける

一つは、「変換読み」だ。読書にかぎらず、この世の事象は「$y=f(x)$」の関数式で読み解くと面白い。yはアイディア、xは素材だと考えてみてほしい。関数「f」があれば、「x」に何かを入れたとき、「y」が見えてくるということだ。

およそ世界の偉人・賢人や作家は、それぞれ独自の「f」を持っている。アインシュタインは〝アインシュタイン変換〟を、ゴッホは〝ゴッホ変換〟をして世界を見ていたわけだ。それが、その人の思考の軸であり、平たくいえば〝ワールド〟である。

その人の本を読み進めるうちに、「世の中にはこういう考え方もあるのか」とわかってくる。いわば**偉人・賢人と視点を共有する**わけだ。そうなれば、次にその著者がどんな変換をしてくるかもだいたい予測できるようになる。それを確認するように、同じ著者の別の本も読んでみたくなる。あるいは同じテーマの別の著者による本を読むことで、「f」の違いを際立たせることもできる。こうして「f」を楽しむことが、読書の醍醐《だいご》味の一つである。

その理解が進むと、本を離れて日常で起きている事象に対しても、「○○ならこう見るだろう」とわかるようになる。ものごとを複眼的に捉《とら》えられるわけだ。これも、なかなか知的な作業といえるだろう。

あるいは、多くの本を読むことで、自分なりの「f」を確立することもできる。もっともオーソドックスなパターンは、**「経験引きつけ読み」**だ。本の内容と自分の経験を、「そういえば、こんなことがあった」「昔はあんなことを考えていた」とリンクさせてみるのである。本の中にある知識を得るというより、自分のアイデンティティの中に食い込ませるイメージだ。

たとえば「日本資本主義の父」と称される渋沢栄一は、『論語』を自身の経営哲学に徹底的に引きつけた。孔子はそこまで意図していないと思われる言葉でさえ、半ば強引な解釈で自らの経験と結びつけ、ビジネスの指針とした。それをまとめたのが、有名な『論語と算盤《そろばん》』だ。

同書を読むと、「ここまで自由に解釈していいのか」ということがよくわかる。これを見習って、自由に自分に引きつけて読めばよい。ついでに共感した文章や笑える部分などは、それぞれマークを決めて記入していくといった工夫もすれば、その本は自分だけの〝テキスト〟になる。こういう癖をつけると、読書はもっと面白くなるだろう。

自分の「f」を見つける

これをさらに定着させるには、アウトプットすることがいちばんだ。ある本の内容を他人に説明しようと思うとき、ただ概要やあらすじを述べるだけでは面白くない。自分はどう思ったのか、どの部分に興味を持ったのかまで付け加えたくなるはずだ。そこに一定の軸があれば、それが自分の「f」ということになる。

方法論としては、大きく二種類ある。一つは、相手によってアウトプットを変えるということだ。たとえば自分が小学校の先生で、「$E = mc^2$」について教えるとしよう。自分の理解度や相手にもよるが、教科書どおりの説明をしてもなかなか伝わらないはずだ。理解されるよう、それぞれ工夫が必要になるだろう。その工夫の仕方が、先生としての腕の見せどころということになる。また、それを考えるプロセスは、自分の理解を深めることにもなる。

そしてもう一つは、**不特定多数に向けて自分らしさを発揮する**ということだ。たとえば私は学生に対し、それぞれ読んだ本について一分間でレポートしてもらうことがある。もちろん、単純に概要を語るだけではダメ。かならず一箇所を引用し、その部分を選んだ理由を自分自身にまつわるエピソードと絡めて語ることが条件だ。

当初は戸惑っていた学生たちも、やってみればなんとかなることがわかってくる。むしろ自分の記憶を辿《たど》る旅でもあり、かつそれを人前で発表できるチャンスだから、面白くないはずがない。こんな経験によって、読書そのものの楽しみを見出《みいだ》してもらおうというわけだ。

あるいは発表ではなく、引用文と感想文付きの「ブックリスト」の作成を指導したこともある。同じ要領で話すかわりに書くわけだが、学生どうしオープンにすることを条件にした。それぞれに見せ合い、面白そうだと思った本を読んでリストに加えていけば、相乗効果で読書の幅も広がるし、質も量も上がることになる。本を仲介としてコミュニケーションも豊かになる。いかにも大学生らしい姿ではないだろうか。

もちろん、こういう試みは大学以外でもできる。今や有名無名を問わず、自分のブログに書評や本の感想などを書き込むことは茶飯事《さはんじ》だろう。そのとき、「こういうところに目をつけて書こう」と考えるのは当然だ。ある部分を切り取ってつなぎ合わせ、レイアウトを変えて貼《は》り付けるといった編集者的な能力が求められる。この作業は、自分の「f」のアピールに他ならない。いかに簡潔かつ良質にまとめるかによって、その記事の信用度は変わってくるはずだ。

自分の記事を読む人が増えたり、反応があったりしたら、嬉《うれ》しくてますます書く気になるだろう。そのためにはますます本を読まなければならないし、自分なりの視点や経験とのすり合わせも必要になる。それだけ読み方が深くなるわけだ。これは、ネット社会がもたらした、きわめてポジティブな変化である。できる環境にある人は、どんどん始めたほうがいいだろう。

こういう人が増えていけば、その後は前述の「ブックリスト」と同じだ。お互いに刺激し合い、リストの冊数を増やし、いわば〝ライブラリー〟をオンライン上で共有することができる。同じ本でも評価するポイントは人それぞれ違うはずだから、それについて複数の者でコメントし合うのも面白いだろう。一冊の本を仲介として、とてつもない波を起こすことができるわけだ。

そうすると、〝ライブラリー〟の中でもしだいにランク付けができていくことになる。多くの人がコメントを寄せた本は、ほぼ間違いなく良書だろう。そういう本が複数紹介されれば、そのホームページは希有《けう》な「良書共有サイト」になる。世代を超えて多くの人が参加できるという点では、大学生どうしによる「ブックリスト」に勝るかもしれない。

本を読むという基本的な行為は変わらないものの、これは新しい読書文化の形といえるだろう。

「師事読み」で〝師匠〟の世界に没入せよ

もう少しオーソドックスな読み方として、造語だが「師事読み」がある。「師事」とは、誰かを「先生」と仰いで習うことを指す。知識や情報として読むというより、**その人の思想や人格を尊敬し、著書を立て続けに読んでみる**ことだ。「リスペクト読み」と言い換えてもいいだろう。

私たちはふつう、夏目漱石のことを「ソウセキ」、太宰治を「ダザイ」、三島由紀夫を「ミシマ」などと呼び捨てにしている。好き嫌い以前の問題として、少なくとも「先生」と敬称をつけることはない。現役の作家に対しても、ほぼ同様だろう。これは、ごくノーマルな接し方だ。

ところが先日、大学のゼミであるマンガをテキストに使ったところ、一人の学生がその漫画家を「○○先生」と呼んだ。手塚治虫のような大御所ならわかるが、この描き手は気鋭の人気漫画家にすぎない。ファンは多いが、「先生」と呼ぶ人は少ないだろう。

要するにその学生は、この漫画家をリスペクトして止《や》まないわけだ。一般の読者とは一線を画し、その世界に深く入れ込んでいるのである。その情熱を、マンガだけではなく本にも注いでもらおうというのが「師事読み」のキモだ。

リスペクトする対象は誰《だれ》でもいい。その人の言うことならとりあえずは何でも受け入れる、ぐらいの姿勢でちょうどいい。それに、**読むべきものは対象の著書だけとはかぎらない**。その人が過去に影響を受けた本や、推薦する本なども読んでみる価値がある。自分の興味の範囲内ではけっして選ばないような本も含まれるだろう。そういうチャレンジが、思考を柔軟にさせてくれるのである。

また、その良さがわからないとすれば、それは本が悪いのではなく、自分の読書力が足りないことを意味する。自己中心的ではなく謙虚になれることも、「師事読み」のいいところだ。

ただし、ずっと一人だけを追いかける必要はない。むしろ、あまりにも一人を神格化してしまうと、かえって自分を見失うおそれもある。ある程度の時間が経《た》ったら、別の人を探すこと。いわば〝独り立ち〟してみるわけだ。

現実の師弟関係ではないので、特に軋轢《あつれき》は生じない。あるいは同時進行的に複数をリスペクトしてもよい。多くの〝師匠〟を持つことは、本の世界ならいくらでも可能なのである。

親しみが増す「ツッコミ読み」

「師事読み」とはまったく逆に、ツッコミを入れることを前提に読む手もある。本のメッセージに対し、「そうじゃないだろう」「これは言い過ぎ」「これは無理がある」などといちいち異を唱えてみるのである。いわば「ツッコミ読み」だ。

私にとって、これは比較的スタンダードな読み方だ。ただし、敵意や憎悪をむき出しにして読むわけではない。ちょうど漫才のボケとツッコミのように、相方（本）を愛し、理解しながら鋭く切り込む。**そこに必要なのは、脳に異物を流し込まれたような違和感と、ボケを逃すまいという緊張感と、どうコメントするかという瞬発力だ。**

つまり、感情が常に揺さぶられるのである。

こうして〝感情的〟になって読むと、記憶にも定着しやすくなる。本の内容に感情の記憶が重なるからだ。つまり、吸収率が高くなるのである。

ところが、こういう読み方をしている人は意外に少ない。まるで〝凪《なぎ》〟のような穏やかな心持ちで読んでいるようだ。私から見ると、これはきわめてもったいない読み方である。

一瞬の出会いも逃さない「一期一会読み」

たまたま会った相手から「面白かった」と感想を聞いたり、たまたま見ていたテレビ番組で紹介されていた本も、「何かの縁」と心に留めて読んでみることをおすすめしたい。いわば「一期一会読み」だ。結果的に、いい出会いになるケースも少なくない。

およそ人も本も、「出会いが大事」という点では同じだ。男女が結婚に至った経緯を振り返ると、意外と何らかの偶然が作用しているものである。それが、いわゆる縁というものだ。

本との出会いも、縁を信じて損はない。一生の時間の中で「出会ってよかった」と思える本が増えることは、それだけで豊かで幸せな話である。それに、人の場合は出会って傷つけ合ったりすることもあるが、本ならそういう心配もない。仮につまらない本に出会ったとしても、「時間のムダだった」と思う程度で、傷口は広がらない。ならば、そういうチャンスは逃さないほうがいいだろう。

その際には、ざっと流し読むのではなく、線を引いたりいろいろ書き込んだりしながら、身にしみ込ませるように読むことをおすすめしたい。そういう本は、もう古本屋さんにも売れない。自分の財産として、いつまでも書棚に止《とど》まることになるはずだ。

それが一〇〇冊になり、二〇〇冊になり、一〇〇〇冊になったとき、つまり一〇〇〇回もいい出会いを経験したとき、きっと「読書のない人生は考えられない」と思えるようになるだろう。

「安定剤読み」「興奮剤読み」は〝百薬の長〟である

自身の精神安定のために読む「安定剤読み」もある。平たくいえば、**自分の知っていることを、もう一度確認するように読む**ことだ。占いの本や一般向けに心理学をかみ砕いて紹介した本などは、これに該当する。要するに、「やっぱり、そうか」と自分で納得するために読むわけだ。

あるいは小説にしても、お馴染《なじ》みのキャラクターが登場するシリーズものや、「泣ける」と評判のものを選ぶのは、安定を求めているためだろう。テレビドラマでいえば「水戸黄門」を見続けるようなものだ。最後に印籠《いんろう》が出てきて万事解決することがわかりきっているからこそ、そのシーンを見て精神の安定を得られるのである。

これと対照的なのが、「興奮剤読み」だ。前述の『シャッター・アイランド』のように、異常事態の世界に入り込んで驚いたり興奮したりする読書を指す。「父殺し」の話である『カラマーゾフの兄弟』を読むのも、その一例だ。私たちは、「怖いもの見たさ」の感情から逃れられないのである。

小説にかぎった話ではない。偉人たちの伝記や自伝なども、読者をおおいに興奮させてくれる。たとえばゴッホの生涯や書き残した手紙を見ると、「こんな人生があるのか」と驚かされる。あるいは岡本太郎であれ、アインシュタインであれ、本田宗一郎であれ、その生涯に触れると「このままじゃいけない」と自らを鼓舞したくなるはずだ。

「安定剤読み」にせよ「興奮剤読み」にせよ、どちらが良い悪いという問題ではない。その時々の自分の状況に応じて、適度に使い分けることをおすすめしたい。それぞれの読み方に適した本を、事前に何冊も用意しておくといいだろう。どんな薬よりも、いい〝特効薬〟になるはずだ。

「レーベル読み」という〝ブランド志向〟

文庫や新書などには、出版社ごとに「レーベル」というものがある。「新潮文庫」「岩波新書」「講談社学術文庫」などが代表例だ。いささか異色だが、そのレーベルごとにまとめて読んでみるのも面白い。いわば「レーベル読み」だ。

以前、私は「岩波新書」や「中公新書」に凝っていた時期がある。たとえば後者は歴史関係が充実し、しっかりした歴史家による良質な本が多い。『コーヒーが廻《めぐ》り世界史が廻る』(臼井隆一郎著)でコーヒーについての知識を深め、『ジャガイモの世界史』(伊藤章治著)でジャガイモと人間の深い関《かか》わりを知る、といった具合だ。

あるいは「新潮クレスト・ブックス」は海外小説が充実している。「ハヤカワ文庫NF」は前述の『E＝mc²』や『歴史は「べき乗則」で動く』(マーク・ブキャナン著)のように、サイエンスの世界をドラマチックに描き出している。

サイエンスの入門書のレーベルとしては、講談社の「ブルーバックス」は定番だ。

「岩波文庫」は一見すると近寄りがたい雰囲気もあるが、さすがに良書を揃《そろ》えている。「講談社学術文庫」も同様、定番の古典を読みやすい形で提供している。「ちくま学芸文庫」には、もともと単行本として高い評価を得ていた作品が集まっている。

単行本の場合、学術的にレベルの高い内容のものは、なかなか手に取ることが難しい。だがこれらの学術文庫系のレーベルなら、そこに加わる時点である程度精選されていることになる。その中から選んで読めば、ほぼ外すことはないだろう。それに、すべて読めなかったとしても、「これが学問的に高く評価されているのか」と信頼しつつ読むことができるはずだ。

特に最近は、出版社ごとにそれぞれ工夫を凝らし、得意分野を充実させて差別化を図ろうとしている。その編集部なり編集者なりが、自身のレーベルに合う企画を立てて著作者を探したり、作品を探して翻案したりしているわけだ。ある意味で〝フィルター〟として機能していると考えられるから、それを参考にしない手はないだろう。

読者にとってみれば、**その豊かなバリエーションの中から、「自分にはこれが知的刺激になるかも」というレーベルを見つけ出せばよい**。そして当面、そのレーベルを読み漁《あさ》ってみることだ。

こういう選び方は、音楽を考えてみればわかりやすい。たとえばジャズが好きな人なら「ブルーノート」レーベルは外せないし、ソウル系といえば「モータウン」レーベルが有名だ。これらにラインナップされているレコードなら、ほぼ間違いはないと信頼されている。これの〝本バージョン〟というわけである。

「拠点読み」で知識を集約しよう

勝海舟の『氷川清話』には、幕末から明治にかけての人物に対する批評が記されている。「横井小楠《しょうなん》は恐るべき人物だ」といった具合である。

中学生時代にこれを読んだ私は、すっかり幕末・明治時代を勝海舟の目線で見る癖がついてしまった。教科書的にさほどメジャーではない横井小楠についていろいろ調べたり、もっと勝海舟について触れた本を読み漁ったりした。おかげで、ずいぶん大量に読破した覚えがある。

こうして一冊をきっかけとして読書の幅を広げていくことを、私は「拠点読み」と称している。ベースキャンプに柱を立てて、そこに関連するさまざまな本の知識・情報を集めてくるイメージだ。

たとえば『論語』なら、最初から原典を読むとやや戸惑うかもしれない。しかし下村湖人の『論語物語』（講談社学術文庫）を先に読んでおくと、孔子が何を言いたかったのかスムーズに理解できるだろう。または、中島敦《あつし》の短編小説「弟子《でし》」を読んでおく手もある。孔子とその弟子である子路《しろ》との交わりを描いた名作だ。これも物語だから、〝入門書〟として親しみやすい。

これらを拠点として、原典にチャレンジしてもいいし、渋沢栄一の『論語と算盤』をはじめとする関連図書を探してみるのもいい。予備知識がある分、ゼロの状態から読むよりずっとわかりやすいはずだ。

あるいは「聖書」について知ろうと思った場合にも、まずはパール・バックの『聖書物語』（現代教養文庫）あたりから入ったほうが理解が進むだろう。こういう解説書や入門書は、書店に行けばいくらでもある。手に取って中をパラパラと見て、自分のレベルに合ったものを見つけてみることだ。

長編小説を一気に読み切る「快速読み」

小説の場合、長編だと〝山場〟がなかなか訪れないことはよくある。最初の五〇ページ程度を突破すれば、その後はなんとなく惰性で読み続けられるのだが、その前に挫折《ざせつ》してしまう人も少なくない。

その場合、いささか荒技だが、会話の部分だけを読み進めていくという手がある。どれほど難解な作品でも、さすがに会話は比較的平易な言葉で書かれている。それに優れた作家の作品は、会話の部分も秀逸だ。太宰治しかり、三島由紀夫しかりである。平易な言葉でありながら、戯曲のように含蓄のある会話が交わされている。

したがって、最初に登場人物たちの関係性さえ把握すれば、情景描写の部分を飛ばしても、それなりに筋は追えるはずだ。しかも、当然ながらおそろしく速く読める。感覚としては三～五倍速、一晩で三〇〇ページ程度は進めるだろう。〝駅〟をところどころ飛ばすという意味で、私はこれを「快速読み」と呼んでいる。

慣れるまでは、やや戸惑うかもしれない。しかし、**最初は一時間で一〇〇ページ程度読み進むことを目標にすればよい**。これを一日の読書時間と仮定すると、だいたい二～三日で一冊ずつ読み終えることになる。

ふつうに本を読むと、一ページにつき一～二分程度はかかるだろう。つまり、一〇〇ページを読むのに二～三時間はかかることになる。これが一時間に短縮できるだけでも、相当な成果である。これが「快速読み」の第一歩だ。繰り返すうちに、もっとスピードは上がってくるだろう。

ただ注意すべきは、いわゆる〝速読〟ではないということだ。ノンストップで駆け抜けるのではなく、ある程度の駅には停車する必要がある。特に大きな駅なら、停車時間が長くなっても仕方がない。優先するのはあくまでも内容の読解であり、「快速読み」ならそれが損なわれることはないのである。

意外と知られていない「読み飛ばし」のメリット

これに対し、「本来の文学の読み方ではない」という批判もあり得よう。細かい描写や、その行間にこそ作品の深みがあるというわけだ。もちろん、それこそ王道であり、そういう読み方ができればそれに越したことはない。

だが現実問題として、三〇〇～四〇〇ページもある本を何十冊も精読できるかといえば、多くの人にとっては難しい。むしろ最初から放棄して、読まないまま生涯を過ごしてしまうかもしれない。それよりは、こういう読み方でも接点を持ったほうが、よほどいいのではないだろうか。

たとえばトルストイの『アンナ・カレーニナ』など、真正面から取りかかると、時間的にも労力的にもなかなか読み切れない。しかし主人公アンナと夫、あるいはアンナと恋人とのやりとりの場面なら、面白くて一気に読める。そういう部分は全体の三割程度だが、それでも「読んだ」ことにしていいだろう。

それはちょうど、映画を観るような感覚に近いかもしれない。文芸作品が映画化されることはよくあるが、すべての文章が映像に置き換わるわけではない。面白い部分をかい摘《つま》み、しかも基本的に会話によってストーリーが進行していく。それを、ふだんの読書において実践しようというわけだ。

実際、これにはいくつものメリットがある。第一に、速く読めることによって読書力に自信を持てるようになる。**それが分厚い古典であればあるほど、自信は快感に変わる**だろう。

また当然ながら、読める冊数も格段にアップする。それまで一カ月に一～二冊だったとしても、一日一冊、つまり一カ月三〇冊が可能になる。もともと娯楽を目的とした読みやすい本ばかりなら大した量ではないが、難解な古典となると話は別だ。それによって得られる知識・知力は、以前とは比べものにならないレベルに達するだろう。

そしてもう一つ、こういう「快速読み」を続けていると、**飛ばした部分を類推する力が養われる**。たとえばドストエフスキーの『カラマーゾフの兄弟』の中に、貧しい二等大尉がアリョーシャ・カラマーゾフに対して「こんなお金は受け取れません」と激怒するシーンがある。仮にその部分だけを読んだとしても、「以前に何か出来事があって、本当は受け取りたいのに受け取れないんだな」というあたりまで推測しなければならない。その口調やニュアンスから、その本心や人間関係、過去の因縁まで、ある程度は読み取れるようになるはずだ。

一見すると高度な作業のように思われるが、実はそうではない。これも映画と同じで、よく時間が飛んだりシーンが省かれたりすることはあるが、私たちはたいてい難なくその間を類推しながら鑑賞している。特に映画をよく観る人なら、こういう〝穴埋め〟にはもう慣れているだろう。読書でも同様のレベルに達することは、けっして難しくない。要は、量をこなして鍛えればいいだけの話である。

しかも、そのプロセスでは頭もフル回転するし、イマジネーションも豊かになる。そう考えると、とてつもなく〝お得感〟のある読書法ではないだろうか。

あとがきにかえて——人は本を読むことで大人になる

心に〝賢者の森〟を持っているか

若い人は、他人から説教されることを嫌う。異なる考えの人から「今のお前ではダメなんだ」と言われると、たちまち耳を塞《ふさ》いでしまう。今の自分を必死に守ろうとして、周囲にいる同質な人としか関《かか》われないのである。

言うまでもなく、これはたいへん危険な傾向だ。このままではコミュニケーションに支障をきたすし、精神的にも成長できにくい。その根本原因は、やはり読書が足りないことだ。心を柔軟に開いて著者という他者に侵入してもらい、いっそ住み着いてもらうぐらいの経験がないから、唯我独尊の境地から抜け出せないのである。

特に大学という場は、そういう洗礼を受けるためにある。本を通じて偉大な他者の存在を知り、ときには耳の痛いことも言われ、それでも受け入れ続けること。そうすると、気がつけば偉大な他者は自分の味方になってくれるのである。

その一本一本が集まれば、それはやがて〝森〟になる。**心の中に、鬱蒼《うっそう》と繁《しげ》った他者の森ができる**わけだ。世の中が求める「大人」とは、まさにこういう心を持った人物を指すのではないだろうか。

人と話していると、その相手がどの程度読書をしてきたか、どういう〝森〟を持っているか、だいたい透けて見えるものである。それは私だけではなく、たとえば企業の採用試験の面接官などでも同じだ。小難しい理屈を知っているか否かはともかく、話し言葉の水準やボキャブラリーの多寡はごまかしようがない。その上、他者に心を開く許容度や他者理解力、状況把握力が乏しいとなれば、企業としても積極的に採用したいとは思わないだろう。

もちろん、読書の価値はこういう実践的な部分にのみあるわけではない。「人はなぜ生きるのか」という根源的な問いに対し、きわめて充実した答えを用意しているのが本である。不安な気持ちや虚無主義に陥りそうになったとき、出口を照らしてくれるもの、と言い換えてもいいだろう。

その方法論は、著者によってさまざまだ。文学を通じて語りかける人もいれば、科学の角度からアプローチする人もいる。たとえば文学の場合、世間一般的な意味での成功者の人生を描いたものはほとんどない。多くは、傍《はた》から見ればちっぽけな人生、成功・失敗とは無関係の部分に光を当て、そこに価値があることを説いている。あるいは、何気ない一瞬にも輝きがあることを教えてくれる。

そういう視点で世界なり人生なりを見つめることができれば、それだけで豊かな気持ちになれるのではないだろうか。

読書しなければ人にあらず

だから私は、「読書しない人間は人にあらず」ぐらいに思っているし、特に学生にはそう言い続けている。「読んだほうがいい」というレベルではなく、「読まなければダメ」と説いているのである。

むしろ私が不思議かつ不満なのは、そこまで強い態度で言う大人が少ないことだ。大人自体が本を読んでいないのか、読んできた自信がないのか、読んだ経験を軽視しているのかは不明である。もしかすると、強く言わないことで自身の地位の保全を図っているのかもしれない。
あるいはよく聞くのが、「情報なら本よりネットのほうがラクで便利」という意見だ。「本は邪魔になるだけ」「今さら古くさい」と堂々と語る人もいる。だが、そういう人にかぎって、若いころは多くの本を読んで学び、今日の基礎を築いている場合が多い。お世話になった本の恩を忘れ、むしろ仇《あだ》で返そうとしているわけだ。これはもはや、易《やす》きに流れているとしか思えない。

少なくとも私の場合、本を読まずして思考力を養うことはできなかった。つまり、読書なしの人生はあり得なかったといっても過言ではない。多くの本を読んだ人なら、この点は共感してもらえるはずだ。ならば、まだ多くを読んでいない人に、そして血となり肉となるプロセスを知らない人に、その喜びを伝えるのは当然の責務ではないだろうか。

哲学者ショウペンハウエルは、安易な読書に対して、「読書とは他人にものを考えてもらうことである」と厳しく指摘した人だ。しかし、それも読書をすることが大前提であっての言葉なのだ。その著書『読書について』（岩波文庫）の中では、「**作品は著者の精神のエキスである**」とも述べている。また、古典には心を回復させる力があるとも言う。

「精神のための清涼剤としては、ギリシア、ローマの古典の読書にまさるものはない。たとえわずか半時間でも、古典の大作家のものであればだれのものでもよい。わずか半時間でもそれを手にすれば、ただちに精神はさわやかになり、気分も軽やかになる。心は洗い清められて、高揚する。旅人が冷たい岩清水で元気を回復するようなものである。」(同書)

「読書する人生」は、前へ歩き続ける人生だ。

いい本に出会った後の喜びは、持続的に励ましを与えてくれる。

「この本を読んだ今の人生と読まなかった人生は、確実に違う」

本を読む人には必ずやこうした思いが湧く。

「心にいつも賢者の森を」。これを合いコトバにしたい。

おすすめ文庫300タイトル

私は常に、何冊かの文庫本を持ち歩いている。「本とともに生きる」ことをライフスタイルにしているからだ。

本は、自分の精神に深みを与えてくれる。先人の偉大な知恵、自分の知らない世界を知ることによって、自分一人では到底行き着けないところまでガイド付きで行き着くことができる。それが読書のすばらしいところである。

しかも文庫本なら、さして荷物にもならない。時間があればさっと取り出し、時間が来たらまたポケットに押し込んでおけばいいだけだ。これほど博識で機知に富み、なおかつわがままに付き合ってくれる〝友〟は、なかなかいないだろう。

そんな日常を、私は多くの人に推奨したい。そこで、特に〝生涯の友〟にもなりそうな古今東西の名著を300タイトル紹介しておく。教科書でしか知らなかったような多くの賢人や偉人と出会い、「本とともに生きる」ことの豊かさを体感していただければ幸いである。

①これを読まねば何を読むのか

エッカーマン『ゲーテとの対話』岩波文庫（山下肇 訳）
川端康成『雪国』新潮文庫
ゲーテ『ファウスト』中公文庫（手塚富雄 訳）
シェイクスピア『マクベス』新潮文庫（福田恆存 訳）
下村湖人『論語物語』講談社学術文庫
セルバンテス『ドン・キホーテ』岩波文庫（牛島信明 訳）
太宰治『走れメロス』新潮文庫
ドストエフスキー『カラマーゾフの兄弟』新潮文庫（原卓也 訳）
中島敦『山月記・李陵 他九篇』岩波文庫
夏目漱石『坊っちゃん』新潮文庫
ニーチェ『ツァラトゥストラ』中公文庫（手塚富雄 訳）
宮沢賢治『新編 銀河鉄道の夜』新潮文庫
森鷗外『山椒大夫・高瀬舟』新潮文庫

②自分の世界を広げる

安部公房『砂の女』新潮文庫

エミリー・ブロンテ『嵐が丘』岩波文庫（河島弘美 訳）
カズオ・イシグロ『わたしを離さないで』ハヤカワepi文庫（土屋政雄 訳）
カフカ『城』新潮文庫（前田敬作 訳）
川端康成『山の音』岩波文庫
幸田露伴『五重塔』岩波文庫
J・D・サリンジャー『フラニーとゾーイ』新潮文庫（野崎孝 訳）
スタンダール『赤と黒』岩波文庫（桑原武夫、生島遼一 訳）
ソポクレス『オイディプス王』岩波文庫（藤沢令夫 訳）
谷崎潤一郎『春琴抄』新潮文庫
太宰治『人間失格』新潮文庫
チェーホフ『桜の園』岩波文庫（小野理子 訳）
テネシー・ウィリアムズ『欲望という名の電車』新潮文庫（小田島雄志 訳）
デュマ・フィス『椿姫』新潮文庫（新庄嘉章 訳）
トーマス・マン『魔の山』岩波文庫（関泰祐、望月市恵 訳）
トルストイ『アンナ・カレーニナ』岩波文庫（中村融 訳）
中上健次『枯木灘』河出文庫
バルザック『ゴリオ爺さん』新潮文庫（平岡篤頼 訳）
プルースト『失われた時を求めて』岩波文庫（吉川一義 訳）
ホーソーン『緋文字』光文社古典新訳文庫（小川高義 訳）
蒲松齢『聊斎志異』岩波文庫（立間祥介 編訳）
三島由紀夫『金閣寺』新潮文庫
メルヴィル『白鯨』岩波文庫（八木敏雄 訳）
ユゴー『レ・ミゼラブル』新潮文庫（佐藤朔 訳）
ラブレー『カルガンチュワ物語』岩波文庫（渡辺一夫 訳）

③どこから読んでも楽しめる

芥川龍之介『羅生門 蜘蛛の糸 杜子春 外十八篇』文春文庫
内田百閒『百鬼園随筆』新潮文庫
O・ヘンリ『O・ヘンリ短編集』新潮文庫（大久保康雄 訳）
グレイス・ペイリー『最後の瞬間のすごく大きな変化』文春文庫（村上春樹 訳）
ゲーテ『イタリア紀行』岩波文庫（相良守峯 訳）

幸田文『父・こんなこと』新潮文庫
古今亭志ん生『古典落語 志ん生集』ちくま文庫（飯島友治 編）
ジェフリー・ディーヴァー『クリスマス・プレゼント』文春文庫（池田真紀子 訳）
志賀直哉『城の崎にて・小僧の神様』角川文庫
志村ふくみ『色を奏でる』ちくま文庫（井上隆雄 写真）
『東京オリンピック 文学者の見た世紀の祭典』講談社文芸文庫（講談社 編）
永井荷風『摘録 断腸亭日乗』岩波文庫（磯田光一 編）
新美南吉『新美南吉童話大全』スーパー文庫
『バートン版 千夜一夜物語』ちくま文庫（大場正史 訳）
日高敏隆『春の数えかた』新潮文庫
ポオ『黄金虫・アッシャー家の崩壊 他九篇』岩波文庫（八木敏雄 訳）
宮尾登美子『寒椿』新潮文庫
宮沢賢治『インドラの網』角川文庫
村上春樹『中国行きのスロウ・ボート』中公文庫

④音読すると止まらない

アルチュール・ランボー『ランボー全詩集』河出文庫（鈴木創士 訳）
石川啄木『一握の砂・悲しき玩具 石川啄木歌集』新潮文庫
鴨長明『方丈記　現代語訳付き』角川ソフィア文庫（簗瀬一雄訳 訳注）
河野裕子、永田和宏『たとへば君 四十年の恋歌』文春文庫
小林一茶『一茶句集 現代語訳付き』角川ソフィア文庫（玉城司 訳注）
小林一茶『写真句行 一茶生きもの句帖』小学館文庫（高橋順子 編、岡本良治 写真）
清少納言『枕草子』岩波文庫（池田亀鑑 校訂）
高村光太郎『高村光太郎詩集』岩波文庫
種田山頭火『山頭火句集』ちくま文庫（村上護 編）
『歎異抄』講談社学術文庫（梅原猛 全訳注）
中原中也『汚れつちまつた悲しみに……中原中也詩集』集英社文庫
『俳句 新装版』ピエ・ブックス（高橋睦郎 選・文、井上博道 写真、高岡一弥 アートディレクション、宮下恵美子 英訳）

樋口一葉『にごりえ・たけくらべ』岩波文庫
『平家物語』角川ソフィア文庫（角川書店 編）
正岡子規『歌よみに与ふる書』岩波文庫
松尾芭蕉『芭蕉全句集 現代語訳付き』角川ソフィア文庫（雲英末雄、佐藤勝明 訳注）
まど・みちお『まど・みちお詩集』ハルキ文庫（井坂洋子 編）
宮沢賢治『宮沢賢治全集1・2』ちくま文庫
紫式部『源氏物語』角川ソフィア文庫（角川書店編）
与謝蕪村『蕪村句集 現代語訳付き』角川ソフィア文庫（玉城司 訳注）
吉田兼好『新訂 徒然草』岩波文庫（西尾実、安良岡康作 校注）

⑤精神の柱を築く

金谷治『老子 無知無欲のすすめ』講談社学術文庫
古今亭志ん生『なめくじ艦隊 志ん生半生記』ちくま文庫
佐藤一斎『言志四録』講談社学術文庫（川上正光 全訳注）
サミュエル・スマイルズ『自助論』知的生きかた文庫（竹内均 訳）
ドストエフスキー『地下室の手記』新潮文庫（江川卓 訳）
夏目漱石『私の個人主義』講談社学術文庫
『ナポレオン言行録』岩波文庫（オクターヴ・オブリ編、大塚幸男 訳）
新渡戸稲造『武士道』岩波文庫（矢内原忠雄 訳）
『葉隠』岩波文庫（和辻哲郎、古川哲史 校訂）
福沢諭吉『学問のすゝめ』岩波文庫
『ブッダのことば スッタニパータ』（中村元 訳）
『文語訳 新約聖書 詩篇付』岩波文庫
マキアヴェッリ『君主論』岩波文庫（河島英昭 訳）
宮本武蔵『五輪書』岩波文庫（渡辺一郎 校注）
『本居宣長「うひ山ぶみ」』講談社学術文庫（白石良夫 全訳注）
『吉田松陰 留魂録』講談社学術文庫（古川薫 全訳注）
吉野源三郎『君たちはどう生きるか』岩波文庫
『論語』岩波文庫（金谷治 訳注）

⑥生き方の根底を照らす

大江健三郎『新しい人よ眼ざめよ』講談社文庫
大崎善生『聖の青春』講談社文庫
サン＝テグジュペリ『人間の土地』新潮文庫（堀

口大學 訳）
ジョン・スタインベック『ハツカネズミと人間』新潮文庫（大浦暁生 訳）
竹内敏晴『ことばが劈かれるとき』ちくま文庫
ドストエフスキー『罪と罰』新潮文庫（工藤精一郎 訳）
バートランド・ラッセル『ラッセル幸福論』岩波文庫（安藤貞雄 訳）
パスカル『パンセ』中公文庫（前田陽一、由木康 訳）
深沢七郎『楢山節考』新潮文庫
マハトマ・ガンジー『ガンジー自伝』中公文庫
BIBLIO20世紀（蠟山芳郎 訳）

⑦自分の生を勇気づける

鎌田慧『ドキュメント人間』ちくま文庫
小林秀雄『本居宣長』新潮文庫
坂口安吾『風と光と二十の私と・いずこへ 他十六篇』岩波文庫
サマセット・モーム『月と六ペンス』新潮文庫（金原瑞人 訳）
司馬遼太郎『坂の上の雲』（文藝春秋）
司馬遼太郎『世に棲む日日』文春文庫
チャールズ・ブコウスキー『勝手に生きろ！』河出文庫（都甲幸治 訳）
豊田正子『新編 綴方教室』岩波文庫（山住正己 編）
林尹夫『わがいのち月明に燃ゆ』ちくま文庫
ヘレン・ケラー『わたしの生涯』角川文庫（岩橋武夫 訳）
棟方志功『板極道』中公文庫
吉川英治『宮本武蔵』講談社文庫

⑧友情、恋愛、孤独とはどういうことか

あさのあつこ『バッテリー』角川文庫
井上靖『天平の甍』新潮文庫
尾崎紅葉『金色夜叉』新潮文庫
河合隼雄『大人の友情』朝日文庫
スティーヴン・キング『スタンド・バイ・ミー』新潮文庫（山田順子 訳）
セリーヌ『夜の果てへの旅』中公文庫（生田耕作 訳）
谷川俊太郎『二十億光年の孤独』集英社文庫
中上健次『十九歳の地図』河出文庫
中勘助『銀の匙』岩波文庫
灰谷健次郎『わたしの出会った子どもたち』角川文庫

藤沢周平『蟬しぐれ』文春文庫
ヘルマン・ヘッセ『デミアン』新潮文庫（高橋健二訳）
ヘミングウェイ『老人と海』新潮文庫（福田恆存訳）
ミラン・クンデラ『存在の耐えられない軽さ』集英社文庫（千野栄一訳）
湯川秀樹『旅人 ある物理学者の回想』角川ソフィア文庫
L・M・モンゴメリ『赤毛のアン』集英社文庫（松本侑子訳）
ロマン・ロラン『ジャン・クリストフ』岩波文庫（豊島与志雄訳）

⑨動きたくて眠れなくなる

小澤征爾『僕の音楽武者修行』新潮文庫
北杜夫『どくとるマンボウ青春記』新潮文庫
佐渡裕『僕はいかにして指揮者になったのか』新潮文庫
沢木耕太郎『深夜特急』新潮文庫
椎名誠『哀愁の町に霧が降るのだ』新潮文庫
永井荷風『ふらんす物語』新潮文庫
藤田嗣治『腕一本・巴里の横顔』講談社文芸文庫
（近藤史人編）
藤原新也『印度放浪』朝日文庫
藤原正彦『若き数学者のアメリカ』新潮文庫
ポール・モラン『シャネル 人生を語る』中公文庫（山田登世子訳）
『マザー・テレサ 愛と祈りのことば』PHP文庫（ホセ・ルイス・ゴンザレス・バラド編、渡辺和子訳）
矢沢永吉『成りあがり 矢沢永吉激論集』角川文庫
米原万里『不実な美女か貞淑な醜女か』新潮文庫
リチャード・バック『かもめのジョナサン』新潮文庫（五木寛之訳）

⑩日常の意識を変える

浅野裕一『孫子』講談社学術文庫
色川武大『うらおもて人生録』新潮文庫
岡本太郎『自分の中に毒を持て』青春文庫
カフカ『変身・断食芸人』岩波文庫（山下肇、山下萬里訳）
カミュ『異邦人』新潮文庫（窪田啓作訳）
ゴーゴリ『鼻／外套／査察官』光文社古典新訳文庫（浦雅春訳）
坂口安吾『堕落論』角川文庫

サン＝テグジュペリ『星の王子さま』岩波少年文庫（内藤濯 訳）
ジョージ・オーウェル『一九八四年』ハヤカワepi文庫（高橋和久 訳）
ジョーゼフ・キャンベル、ビル・モイヤーズ『神話の力』ハヤカワ・ノンフィクション文庫（飛田茂雄 訳）
寺山修司『書を捨てよ、町へ出よう』角川文庫
トーベ・ヤンソン『ムーミン谷の仲間たち』講談社青い鳥文庫（山室静 訳）
ニーチェ『この人を見よ』新潮文庫（西尾幹二 訳）
ブルフィンチ『ギリシア・ローマ神話 付インド・北欧神話』岩波文庫（野上弥生子 訳）
フロイト『精神分析入門』新潮文庫（高橋義孝、下坂幸三 訳）
まど・みちお『いわずにおれない』集英社be文庫
三島由紀夫『不道徳教育講座』角川文庫
山田詠美『ぼくは勉強ができない』新潮文庫
山本周五郎『さぶ』新潮文庫

⑪現実と向き合う

アゴタ・クリストフ『悪童日記』ハヤカワepi文庫（堀茂樹 訳）
石原吉郎『望郷と海』ちくま学芸文庫
『いしぶみ 広島二中一年生 全滅の記録』ポプラポケット文庫（広島テレビ放送 編）
石牟礼道子『苦海浄土 わが水俣病』講談社文庫
大岡昇平『野火』新潮文庫
『きけ わだつみのこえ 日本戦没学生の手記』岩波文庫（日本戦没学生記念会 編）
高史明『生きることの意味 ある少年のおいたち』ちくま文庫
島崎藤村『破戒』岩波文庫
辺見庸『もの食う人びと』角川文庫
レイチェル・カーソン『沈黙の春』新潮文庫（青樹簗一 訳）

⑫人生経験豊富な人の話を楽しむ

宇野千代『生きて行く私』角川文庫
貝原益軒『養生訓』講談社学術文庫（伊藤友信 訳）
小林秀雄『考えるヒント』文春文庫
西原理恵子『この世でいちばん大事な「カネ」の話』角川文庫
白洲正子『白洲正子自伝』新潮文庫
杉本鉞子『武士の娘』ちくま文庫（大岩美代 訳）
高峰秀子『わたしの渡世日記』文春文庫

トルストイ『文読む月日』ちくま文庫（北御門二郎訳）
福沢諭吉『新訂 福翁自伝』岩波文庫（富田正文 校訂）
藤原てい『流れる星は生きている』中公文庫BIBLIO20世紀
フランクリン『フランクリン自伝』岩波文庫（松本慎一、西川正身 訳）
ビートたけし『たけしの死ぬための生き方』新潮文庫
升田幸三『王手』中公文庫
マルクス・アウレーリウス『自省録』岩波文庫（神谷美恵子 訳）
向田邦子『父の詫び状』文春文庫

⑬すごい人の話を聞けるチャンス

アンドリュー・カーネギー『カーネギー自伝』中公文庫BIBLIO20世紀（坂西志保 訳）
岡本太郎『青春ピカソ』新潮文庫
ゲーテ『ゲーテ格言集』新潮文庫（高橋健二 編訳）
渋沢栄一『論語と算盤』角川ソフィア文庫
ジョン・レノン、オノ・ヨーコ、アンディー・ピーブルズ『ジョン・レノン ラスト・インタビュー』中公文庫（池澤夏樹 訳）
ダライ・ラマ『ダライ・ラマ自伝』文春文庫（山際素男 訳）
チャールズ・チャップリン『チャップリン自伝』新潮文庫（中野好夫 訳）
中丸美繪『嬉遊曲、鳴りやまず 斎藤秀雄の生涯』新潮文庫
野中郁次郎ほか『戦略の本質』日経ビジネス人文庫
羽生善治『捨てる力』PHP文庫
ヴァン・ゴッホ『ゴッホの手紙』岩波文庫（硲伊之助 訳）
本田宗一郎『俺の考え』新潮文庫
マイルス・デイビス、クインシー・トループ『マイルス・デイビス自叙伝』宝島社文庫（中山康樹 訳）
松下幸之助『人事万華鏡 私の人の見方・育て方』PHP文庫
レオナルド・ダ・ヴィンチ『レオナルド・ダ・ヴィンチの手記』岩波文庫（杉浦明平 訳）
ロマン・ロラン『ベートーヴェンの生涯』岩波文庫（片山敏彦 訳）
ロマン・ロラン『ミケランジェロの生涯』岩波文

庫（高田博厚 訳）
ウォルフガング・モーツァルト『モーツァルトの手紙 その生涯のロマン』岩波文庫（柴田治三郎 訳）

⑭本当の面白さが見えてくる日本の歴史

『アイヌ神謡集』岩波文庫（知里幸恵 編訳）
網野善彦『日本の歴史をよみなおす』ちくま学芸文庫
石川英輔『大江戸生活事情』講談社文庫
宇治谷孟『日本書紀 全現代語訳』講談社学術文庫
内村鑑三『代表的日本人』岩波文庫（鈴木範久 訳）
太田牛一『現代語訳 信長公記』新人物文庫（中川太古 訳）
岡崎久彦『陸奥宗光』PHP文庫
勝海舟『氷川清話』講談社学術文庫（江藤淳、松浦玲 編）
桑田忠親『武士の家訓』講談社学術文庫
高橋是清『高橋是清自伝』中公文庫（上塚司 編）
三浦佑之『口語訳 古事記』文春文庫
柳田国男『遠野物語・山の人生』岩波文庫
柳田國男『明治大正史 世相篇』講談社学術文庫
ルイス・フロイス『ヨーロッパ文化と日本文化』岩波文庫（岡田章雄 訳注）

⑮日本を見つめる考察にはまる

エドワード・S・モース『日本その日その日』講談社学術文庫（石川欣一 訳）
大野晋『日本語の年輪』新潮文庫
九鬼周造『「いき」の構造 他二篇』岩波文庫
世阿弥『風姿花伝』岩波文庫（野上豊一郎、西尾実校訂）
谷崎潤一郎『陰翳礼讃』中公文庫
ドナルド・キーン『果てしなく美しい日本』講談社学術文庫（足立康 訳）
宮本常一『忘れられた日本人』岩波文庫
ラフカディオ・ハーン『新編 日本の面影』角川ソフィア文庫（池田雅之 訳）
ルース・ベネディクト『菊と刀』講談社学術文庫（長谷川松治 訳）
和辻哲郎『風土 人間学的考察』岩波文庫

⑯ざっくり理解する世界の歴史

阿川尚之『憲法で読むアメリカ史』ちくま学芸文庫
I・モンタネッリ『ローマの歴史』中公文庫（藤沢道郎 訳）

井筒俊彦『イスラーム文化 その根柢にあるもの』岩波文庫
ウィリアム・H・マクニール『世界史』中公文庫（増田義郎、佐々木昭夫 訳）
E・H・カー『危機の二十年 理想と現実』岩波文庫（原彬久 訳）
カエサル『ガリア戦記』岩波文庫（近山金次 訳）
『コーラン』岩波文庫（井筒俊彦 訳）
司馬遷『史記』ちくま学芸文庫（小竹文夫、小竹武夫 訳）
ジャレド・ダイアモンド『銃・病原菌・鉄 一万三〇〇〇年にわたる人類史の謎』草思社文庫（倉骨彰 訳）
白川静『金文の世界 殷周社会史』平凡社東洋文庫
トルストイ『戦争と平和』新潮文庫（工藤精一郎 訳）
ブルクハルト『イタリア・ルネサンスの文化』中公文庫（柴田治三郎 訳）
ホイジンガ『ホモ・ルーデンス』中公文庫（高橋英夫 訳）
マット・リドレー『繁栄 明日を切り拓くための人類10万年史』ハヤカワ・ノンフィクション文庫（大田直子、鍛原多恵子、柴田裕之 訳）
宮崎市定『アジア史概説』中公文庫
安岡正篤『十八史略』PHP文庫
ラス・カサス『インディアスの破壊についての簡潔な報告』岩波文庫（染田秀藤 訳）
レスリー・アドキンズ、ロイ・アドキンズ『ロゼッタストーン解読』新潮文庫（木原武一 訳）
魯迅『阿Q正伝・狂人日記 他十二篇』岩波文庫（竹内好 訳）

⑰知の歴史もやはり読んでおかなくては

アリストテレス『ニコマコス倫理学』岩波文庫（高田三郎 訳）
カント『実践理性批判』光文社古典新訳文庫（中山元 訳）
木田元『反哲学入門』新潮文庫
キェルケゴール『死に至る病』岩波文庫（斎藤信治 訳）
小阪修平『そうだったのか現代思想 ニーチェからフーコーまで』講談社+α文庫
ショウペンハウエル『読書について 他二篇』岩波文庫（斎藤忍随 訳）
セネカ『生の短さについて 他二篇』岩波文庫（大西英文 訳）

デカルト『方法序説』岩波文庫（谷川多佳子 訳）
永井均『転校生とブラック・ジャック 独在性をめぐるセミナー』岩波現代文庫
バートランド・ラッセル『哲学入門』ちくま学芸文庫（高村夏輝 訳）
ハンナ・アレント『人間の条件』ちくま学芸文庫（志水速雄 訳）
プラトン『ソクラテスの弁明・クリトン』岩波文庫（久保勉 訳）
プラトン『饗宴』岩波文庫（久保勉 訳）
ヘーゲル『歴史哲学講義』岩波文庫（長谷川宏 訳）
マルティン・ハイデッガー『存在と時間』ちくま学芸文庫（細谷貞雄 訳）
ミシェル・フーコー『フーコー・コレクション』ちくま学芸文庫（小林康夫、松浦寿輝、石田英敬 編）
モーリス・メルロ＝ポンティ『メルロ＝ポンティ・コレクション』ちくま学芸文庫（中山元 訳）

⑱つい敬遠してしまう社会と経済の話

アンドリュー・ロス・ソーキン『リーマン・ショック・コンフィデンシャル』ハヤカワ・ノンフィクション文庫（加賀山卓朗 訳）
岩井克人『ヴェニスの商人の資本論』ちくま学芸文庫
佐藤雅彦、竹中平蔵『経済ってそういうことだったのか会議』日経ビジネス人文庫
ジョルジュ・バタイユ『呪われた部分 有用性の限界』ちくま学芸文庫（中山元 訳）
ヘンリー・D・ソロー『森の生活』講談社学術文庫（佐渡谷重信 訳）
マイケル・ルイス『ライアーズ・ポーカー』ハヤカワ・ノンフィクション文庫（東江一紀 訳）
マイケル・ルイス『マネー・ボール〔完全版〕』ハヤカワ・ノンフィクション文庫（中山宥 訳）
マックス・ヴェーバー『職業としての政治』岩波文庫（脇圭平 訳）
マックス・ヴェーバー『プロテスタンティズムの倫理と資本主義の精神』岩波文庫（大塚久雄 訳）
マルサス『人口論』光文社古典新訳文庫（斉藤悦則 訳）
マルクス『資本論』岩波文庫（エンゲルス編、向坂逸郎 訳）
マルクス、エンゲルス『共産党宣言』岩波文庫（大内兵衛、向坂逸郎 訳）
吉本隆明『共同幻想論』角川文庫ソフィア文庫
ルソー『社会契約論』岩波文庫（桑原武夫、前川貞

次郎 訳)

⑲根っからの文系でも楽しめる

アイザック・アシモフ『化学の歴史』ちくま学芸文庫(竹内敬一、玉虫文一 訳)

小川洋子『博士の愛した数式』新潮文庫

池谷裕二、糸井重里『海馬 脳は疲れない』新潮文庫

池田清彦『新しい生物学の教科書』新潮文庫

ガリレオ・ガリレイ『星界の報告 他一編』岩波文庫(山田慶児、谷泰 訳)

サイモン・シン『フェルマーの最終定理』新潮文庫(青木薫 訳)

佐藤勝彦『宇宙はわれわれの宇宙だけではなかった』PHP文庫

スティーヴン・ジェイ・グールド『ワンダフル・ライフ バージェス頁岩と生物進化の物語』ハヤカワ・ノンフィクション文庫(渡辺政隆 訳)

瀬名秀明、太田成男『ミトコンドリアのちから』新潮文庫

チャールズ・ダーウィン『種の起源』岩波文庫(八杉龍一 訳)

デイヴィッド・ボダニス『E＝mc^2 世界一有名な方程式の「伝記」』ハヤカワ・ノンフィクション文庫(伊藤文英、吉田三知世、高橋知子 訳)

マーカス・デュ・ソートイ『素数の音楽』新潮文庫(冨永星 訳)

マーク・ブキャナン『歴史は「べき乗則」で動く』ハヤカワ・ノンフィクション文庫(水谷淳 訳)

ユクスキュル、クリサート『生物から見た世界』岩波文庫(日高敏隆、羽田節子 訳)

ライアル・ワトソン『風の博物誌』河出文庫(木幡和枝 訳)

本作品は二〇一一年五月に小社より刊行された『読書のチカラ』を、再編集・加筆し改題したものです。

齋藤 孝（さいとう・たかし）

1960年静岡県生まれ。東京大学法学部卒業。同大大学院教育学研究科博士課程を経て、明治大学文学部教授。専攻は教育学、身体論、コミュニケーション論。

著書に『身体感覚を取り戻す』（NHKブックス）、『声に出して読みたい日本語』（草思社）、『コミュニケーション力』（岩波新書）、『孤独のチカラ』（新潮文庫）、『座右のゲーテ』（光文社新書）、『雑談力が上がる話し方』（ダイヤモンド社）、『原稿用紙10枚を書く力』、『人を10分ひきつける話す力』、『アイディアを10倍生む考える力』、『「読む・書く・話す」を一瞬でモノにする技術』（いずれも大和書房）など多数。

だいわ文庫

読書《どくしょ》のチカラ

著者 齋藤《さいとう》 孝《たかし》

二〇一五年六月一五日第一刷発行
二〇一六年一月二〇日第四刷発行

発行者 佐藤 靖
発行所 大和《だいわ》書房
東京都文京区関口一－三三－四 〒一一二－〇〇一四
電話 〇三－三二〇三－四五一一

フォーマットデザイン 鈴木成一デザイン室
本文デザイン 永井亜矢子（陽々舎）
編集協力 島田栄昭
本文印刷 シナノ
カバー印刷 山一印刷
製本 小泉製本

ISBN978-4-479-30538-5
乱丁本・落丁本はお取り替えいたします。
http://www.daiwashobo.co.jp